解码

Decoding
Boys

青春期男孩

务必与你的儿子进行的 **9** 大关键谈话

［美］卡拉·纳特森 ◉ 著　　美同 ◉ 译

北京联合出版公司
Beijing United Publishing Co.,Ltd.

图书在版编目（CIP）数据

解码青春期男孩 / （美）卡拉·纳特森著；美同译
. — 北京：北京联合出版公司，2024.3
ISBN 978-7-5596-7331-2

Ⅰ.①解… Ⅱ.①卡… ②美… Ⅲ.①男性 - 青春期
- 健康教育 Ⅳ.① G479

中国国家版本馆 CIP 数据核字 (2024) 第 006659 号

Decoding Boys: New Science Behind the Subtle Art of Raising Sons
by Cara Natterson, M.D.
Copyright © 2020 by Cara Natterson
This translation published by arrangement with Ballantine Books, an imprint of
Random House, a division of Penguin Random House LLC
Simplified Chinese edition copyright©2024 by Beijing Tianlue Books Co.,Ltd.
All rights reserved.

解码青春期男孩

作　　者：[美] 卡拉·纳特森
译　　者：美　同
出 品 人：赵红仕
选题策划：北京天略图书有限公司
责任编辑：周　杨
特约编辑：高锦鑫
责任校对：钱凯悦
装帧设计：刘晓红

北京联合出版公司出版
（北京市西城区德外大街 83 号楼 9 层　100088）
北京联合天畅文化传播公司发行
水印书香（唐山）印刷有限公司印刷　新华书店经销
字数 169 千字　889 毫米 ×1194 毫米　1/16　13 印张
2024 年 3 月第 1 版　2024 年 3 月第 1 次印刷
ISBN 978-7-5596-7331-2
定价：39.00 元

献给：

瑞（Ry），他给了我做男孩妈妈的机会。

塔利娅（Talia），她对弟弟的深刻理解让我惊讶。

保罗（Paul），他是姐弟俩的好伙伴。

还有我的母亲，她生养了三个男孩。回头看，她太了不起了。

引 言

"解码"（decode）一词有三层含义：一是把编码信息转换为能够理解的语言，二是读懂言外之意，三是搞清楚到底是怎么回事。

先不说青春期的生理变化，光是那些让人眼花缭乱的情绪和行为，就足以把青春期的孩子和一旁的父母搞蒙了。当然，这并不是什么新鲜事。不过在过去的几十年里，女孩子们一直在直面青春期的各种问题，并逐渐让女性的身体部位进入了主流话语体系。她们在身、心两方面的巨大改变完全不再是禁忌话题。只是男孩子们，一直鸦雀无声。

结果，青春期成了女孩子们，或者大多数女孩子们的事。她们谈论身体的变化、情绪的波动，也谈论友谊，以及她们和家人的互动；她们无所顾忌地使用那些在过去是"限制级"的词语，例如，阴道和月经。一旦她们开始有了从女孩向成年女性过渡的迹象，这个世界就会发给她们一支麦克风，让她们说个够。

但是，男孩，却没有这种待遇。他们往往是偷偷溜进人生的这一阶段的。更何况，他们体内的巨大改变总体上并不明显。青春痘和隆起的肌肉，那是多年以后的事。这时的他们也会安静下来，或者至少变得比从前安静。在许多父母看来，儿子变得沉默寡言只是说明他不想说话，而为了尊重儿子的想法，或者只是为了息事宁人，不伤害亲子感情，他们就听之任之了。他们不知道，他们放弃的，是与儿子就青春期的话题深入交谈的机会。男孩的转变起初并不明显，但就算他们已经变得粗声粗气，腋下也已长出腋毛，许多父母也仍旧对他们的生活知之甚少，还往往丧失了询问的能力。就这样，我们主动把男孩排除在了我们与女孩进行的那些对话之外。

即便有的父母能够与儿子沟通，我们的社会也还是无法从整体上做到这一点。当然，社会仍旧会警告男孩子们，倘若他们做了那些涉及性、毒品或打架斗殴的事情，那么就可能带来什么样的后果，但这一点点沟通尚不及女孩所得到的一小部分。除了叮嘱他们剪头发、勤洗澡外，没人跟他们谈论这一生活阶段所固有的众多悖论。例如，他们很多时候都想安静下来，但有时也会暴跳如雷；他们很有想法，但也会急躁冲动；他们总体上比女孩发育晚，但接触暴力和性却越来越早。所有这些都让人困惑，而父母对男孩的不闻不问又让这一切雪上加霜。结果，等到他们成年，我们才突然发现，他们对很多事情知之甚少。

要是男孩能有女孩那样的待遇该多好。假如他们能任意了解全方位的丰富信息，例如，他们的身体和大脑发生了哪些变化，还有与性、毒品或暴力等因素相关的种种行为有哪些诱因和后果，那么，成年后的他们或许就能拥有更加丰富的知识来避免误入歧途。而且，随着年龄增长，多年以后，他们或许还能在养育下一代的过程中更加开放地与他们的孩子交谈，成为能够自然而主动地与孩子进行这类对话的新一代父亲。如果能这样就好了，不是吗？

要我说，他们大可以拥有这样的待遇。但前提是，今天的父母要行动起来，开启对话。

如果这本书只能写两句话，我会这样写：即便男孩说"我没事"（暗示你关门），即便我们的社会一般主张，如果他不想谈，就不要管他，"他没事"，那么不跟他们谈论身心变化也仍旧是所有父母最大的疏漏。因为，你不谈，别人会谈，例如，孩子身边"三观"全错的朋友、养育观念与你不同的家庭成员，以及泥沙俱下的网络世界，而且，那些图片和视频，一旦入眼，孩子就没法不受影响。

能在这里讨论这一话题，温和地纠正我们在不经意间形成的对待男孩的错误方式，我兜了一大圈。早在2011年，我刚刚与玩偶巨头美国女孩（American Girl）公司签约，为他们修订青春期主题经典图书《关爱你》（*The Care and Keeping of You*）。当时，该书已出版13年，总印数达300万册。不用说，这本书是写给女孩看的。但需要说明的是，这本书起初并不是我写的，虽然我希望是。因为，我认识的每一位儿科医生，都会建议所有十几岁女孩的父母去买它。这本书里有纯真的卡通形象、有开门见山的直截了当，也有女孩子们喜欢的语气腔调，是目前最好的健康类启蒙图书。《关爱你》的目标读者甚至还包括尚未进入青春期的女孩，于是该书填补了早先出版的儿童身体科普图书《我们的身体，我们自己》（*Our Bodies, Ourselves*）所留下的空白。这本初版于1970年的大厚书，既是一本女权主义宣言，又是一本生物百科全书，还可兼作门挡，可就是不适合用来给女童启蒙。

2011年，我开始着手修订《关爱你》，并为大一些的女孩们续写了《关爱你（Ⅱ）》。同时，我也开始力主推出男孩版的《关爱你》。事实上，从与美国女孩公司打交道的第一天起，我就提出了这一建议，我的一位密友戏称这本书为《关爱男士》。甚至即便修订和续写这本爆款畅销书的美差还未最终确定，即便出版这本书的公司只为女孩生产东西，我还是冒着合作破裂的风险告诉我在美国女孩公司遇到的每一个人，必须要出一本男孩版的《关爱你》。

他们看着我的那种表情，就像是我已经"走火入魔"了。

但是，我坚持认为，男孩版和女孩版《关爱你》是同一本书，只要去掉关于女性生理结构和月经的内容即可。毕竟，男孩也应该了解如何打理自己的头发，如何有效刷牙，为什么咬指甲和挤痘痘是坏习惯。事实上，在《关爱你》这本书约100页的内容里，有80页内容写的甚至不是女性与成长，而是人，以及人应当怎样关照自己的身体和灵魂。这本书大大方方地介绍了女孩的身心健康和生理变化，撕去了这类话题上所附着的禁忌标签。为此，书里谈论了有关睡眠、运动、友谊和家庭关系的各种话题，尤其介绍了大量的卫生习惯。凡此种种，哪些只为女孩所独有呢？

然而，一年年过去，我总是从美国女孩公司那里得到同样的答复：这个想法很好，我们完全明白你的意思，你说得没错，但我们并没有相应的出版计划。

2013年，《关爱你（Ⅰ）》和《关爱你（Ⅱ）》闪亮登场，一举打入《纽约时报》畅销书排行榜，并且霸榜两百多周，只是在所属的"中级平装书"类别取消时才告别榜单。我的编辑家里有个男孩，她对出版《关爱你》男孩版极有兴趣。一天，她打电话给我，告诉我《关爱你》系列要出新书了。

"男孩版？"我凝神屏息。

"不是，很遗憾，是本母女书，是这一系列的第三本，将来肯定畅销！"

此时，我儿子即将年满8岁，半条腿已经迈入了8岁以上的人口统计类别，真是讽刺。我的那些书是由玩偶公司出版的，因此也像商店里售卖的玩具一样有年龄分级。我给美国女孩公司写的所有图书都面向8岁以上的孩子。我10岁的女儿正好处在"关爱你"系列的最适年龄区间，可我儿子进入这一年龄区间却无书可读。我跑遍了洛杉矶仅存的三家书店（这是另一个让人难过的话题），还把亚马逊的在线图书馆搜了个遍，把所有介绍男孩身体的科普图书都买了下来，但总共也只有四本。虽然这几本书都提供了很有价值的信息，但它们要么内容庞杂，要么毫无趣味，要么编排混乱，没有一本能满足下面这些显而易见的标准：要适合孩子的年龄，要有趣，要把身体发生的变化讲清楚，还要介绍一些小知识，例如洗澡时打肥皂有什么好处，为什么运动饮料与糖果没区别，以及孩子与父母沟通有多重要。

我只好自己动手。我打电话给早些年合作过的出版商，以及我在巡回售书时遇到的部分出版商。我自信地认为，他们会愿意出版一位畅销书作者所写的可以填补市场空缺的书，于是我为此辗转洽谈。可是，迎接我的是四处碰壁。

反对我提议的一大理由，是缺少销售数据支持。男孩身体科普图书销量平平，少有父母购买。（我解释说，那是因为那些书水准不够、质量不高！）还有人说，书店将没有书架来陈列它们。可是，就连女孩的健康图书专区都已经很难见到了，相应的男孩专区怎么可能存在呢？（何况，现在基本没有书店了，所以拿书架来论证似乎没有实际意义。而且，如果好产品尚未出现，那么反对这件事的理由怎么可以是好产品不存在呢？！）我实在想不通。然而，他们都礼貌地回绝了我。

我儿子9岁了，我却找不到像样的介绍男孩身体的图书来给他看。一天，我为"关爱你"系列图书做签售，一位妈妈让我给她儿子签一本。

"你知道这书是给女孩看的吧？"我问。

"当然知道，"她说，"我会把中间关于女孩身体和月经的那几页剪掉，再拿给他看，因为他得知道怎么用牙线，得知道他的脚丫子为什么会有味道！"

顺便说一句，我一直认为，男孩子可以通过"关爱你"这套书来了解女孩。我曾打算，等到我的儿子开始学习女孩生理知识的时候，我再给他看这本书。但另一位妈妈告诉我，我苦苦寻找的那些内容其实就在同一本书里，正等待着我的儿子去翻阅。虽然这套书里到处是粉红色和紫色，也到处是女孩插图，但那又有什么关系呢？毕竟，那些信息对男孩来说也一样有价值。

随后，我意外地接到了一通电话。我的编辑说："开始吧！"

"开始做什么？"我问。

"开始写你的男孩书呀，趁我们还没改变主意。"那天，距离我第一次到美国女孩公司已近 5 年之久了。

2017 年夏天，美国女孩推出了建立以来的第一款男孩产品，一本面向男孩的书——《男孩子的事：男孩的身体科普书》（*Guy Stuff: The Body Book for Boys*）①。

这时，我也开始频繁谈及青春期的男孩，更确切地说，谈及男孩与父母缺乏对话这一话题。这是我要说的重点。从我为出版关于男孩身体的图书大费周章中，你就能看出，我们与女孩的谈话方式和我们与男孩的谈话方式有多么不同。进入青春期的女孩往往会变得话多，或者至少情感更加外露。我们的文化不仅认可这一点，还鼓励它，利用它来营销，进而使这一现象更加强化。女孩的青春期也因情绪的起起落落而变得分外显眼。虽然"关爱你"系列图书很受读者欢迎，但这套书也在与其他十几本完全针对女孩读者的图书，一同在拥挤的书架上激烈竞争着。在所有媒体平台，从电视到电影，从电子媒体到纸媒，同样的一幕都在上演。随着时间的推移，这种女孩内容的供过于求已经演变成了各种形式的女权运动，并且促进了少女文化的繁荣。

也许是我们与女孩谈话的声音越来越响，我们终于发现，我们与

---

① 好吧，详细说说。美国女孩公司在 2017 年早些时候也推出过一款男孩玩偶，名叫洛根（Logan）。但根据所有营销材料和我在公司认识的所有人的说法，这款玩偶并不是专门为男孩设计的，甚至有人认为它完全不是给男孩设计的。美国女孩公司并不是要用这款玩偶来吸引男孩消费者，它只是美国女孩产品家族的一部分，与公司的其他玩偶产品一样，同时面向女孩和男孩。因此，《男孩子的事》确实是美国女孩公司专为男孩推出的首款产品。另外，这本书的书名也有我儿子的功劳。我问他这本书应该叫什么名字时，他顿了一两秒说："男孩子的事，因为这是我唯一愿意看的书。"

除特别说明外，本书中所有脚注均是作者注。——编者注

青春期男孩的谈话，以及围绕他们所进行的谈话，实在少得可怜。或许人们普遍感觉，关于青春期的谈话是限量供应的，跟女孩谈多了，跟男孩就只能少谈。父母对孩子的性教育曾经被称为"那通谈话"（The Talk），谈一次即可完成任务。今天，我们已经走过了这一阶段（谢天谢地），因为我们已经认识到，我们需要在很多年里，就各种各样的问题与孩子进行多次谈话。但是，我们的社会似乎还存在这样一条规则——父母、医生、教育工作者、律师、杂志、电影、博客、微博所能展开的对话是有限的，于是我们与女孩谈得越多，与男孩就谈得越少，谈论女孩越多，谈论男孩就越少。但是，信息并不是馅饼，它不像那种有形的资源一样越分越少。

以上就是我的心路历程。我的愿望已经实现，我为男孩们写了一本书，介绍了他们的身体已经发生、正在发生和将要发生的变化，以便他们能够与父母谈论这件事。但是，在填上这个窟窿的同时，我又发现了另一个窟窿、一个恐怕还要大很多的窟窿——随着男孩们变得更加安静，父母们也跟着沉默了。这本书想要改变的，也正是这一点。

这是一本关于养育青春期男孩的书。这里的"青春期"大致从八九岁开始，到二十岁出头结束。我将从医学和儿童发展的视角，探讨男孩在身体和心智上即将出现的显著改变（即本书的上篇"内在变化"），以及他们在情感和社交上即将显现的长足进展（即本书的下篇"外在影响"）。这本书可能涵盖了太多的内容，从青春期早期到晚期，从形体焦虑到涉枪暴力，从性教育到性侵犯，无所不及，但这些内容都无法省略，因为父母们总在给我打电话、发电子邮件，或者在路上叫住我，只为向我了解这些信息。《解码青春期男孩》讲的是：我们的男孩正在发生哪些变化？以及面对这些变化，我们在养育上该如何应对？

我会概要性地介绍许多父母在养育过程中所见到的情形。但是，书中有太多内容仅能反映儿童成长的一般过程，所以你在阅读中可能会产生这样的想法："这里说的不对。"或者，"我家孩子好像不是这样。"这完全正常，我也早有预料。因为，这本小书涵盖了男孩在飞速变迁的社会里近20年的成长历程，无法顾及每一种情形。而且，孩子们的身体可不管教科书上怎么写，它们想怎么变就怎么变，想什么时候变就什么时候变，这背后是独特基因编码的控制，也有外在环境的强力影响。如果说，我从20年的儿科从医经历中学到了什么，那就是"正常"的方式可以有许多种，其中的影响因素不可胜数。因此，孩子穿越青春期的道路并不唯一，也没有固定的步骤。我知道，你会不时对书中的内容表示怀疑。

我的目标是，在承认每个孩子的成长道路都有所不同的基础上，让你能够通过对话来帮助孩子顺利地度过青春期。影响养育过程的因素有一长串：你和孩子的气质类型、相同点、不同点、优点、缺点、遗传因素、社会经济因素、机遇因素和家庭结构等等，但这并不是说，我们在养育方面少有共同点，共同点显然是有的。例如，我遇见的所有家长都表示，孩子健康、安全是他们的首要目标。

在下面的章节里，我会深入探讨那些我们都认为需要充分考虑的话题。只是，这些话题可能会过于复杂，以至于我们可能想要堵上耳朵混过去（这就是我在写作时的感受……经常如此）。现实是，我们不能这样做。因为一旦我们这样做了，男孩们就更可能屈从于诱惑，造成影响一辈子的后果。了解了男孩的青春期和迈向成熟的时间表，你就能洞悉孩子当下的生活。深入思考了男孩如何看待自己的身体、涉枪暴力和色情内容等问题，你就能成功破冰，开启所有父母都需要跟儿子进行的那些谈话。

下面，我来说说这本书不是什么。首先，它不是生物学教科书。虽然我会介绍很多生理学知识（特别是在书后的附录里），但倘若你想深入研究，你还是要去查阅我提到的其他参考资料，例如，专门讲述精神疾病的那些。精神疾病是一大类问题，可能会在青春期突然爆发出来。

我希望你能去查阅这些资料，因为，你对身体和心理的运作方式及其在青春期的改变了解得越深，你就越能理解孩子在经历什么。不要过分依赖你脑中那些高中生物学的记忆。对于青春期的生理变化，我们的认识一直在不断加深。你以前了解的所谓"事实"，到了今天可能已经大错特错。坦率地说，多数父母甚至无法准确回忆自己的青春期是什么样子，记忆里仅残留着为数不多的巅峰或低谷瞬间。

这本书也不是万能的、包罗万象的。书里记录的只是我自己的想法，它们来自科学研究，来自医学训练和第一手的生活经验，来自千次万次的谈话，也来自我在诊室和教室度过的无数个小时。我必须先讲明，这本书只是一家之言。所有人都有自己的思考方式，我只是用我自己的方式来将各种信息串联起来，以此来帮你反思你对子女的养育。所以，请不要误以为，男孩只能像我说的这样来养育。

最后，这本书也不会谈论性别认同和青春期男孩正逐渐显现的性取向问题。对于这类话题，值得探讨的内容确实非常多，但青春期是所有人都要经历的，与我们自认是哪种性别，或喜欢哪种性别的人无关。我将在这本书开头的部分介绍男性性别对身心发育的影响；随后，我还会介绍如何根据男孩的生物学特征来反思我们的养育方式。虽然我只关注性别认同是男性、性取向是异性的情形，但这绝不是说，其他人群所面对的生理变化和文化压力不重要。我希望大家都明白这样一件事，当今社会的种种现象影响着所有的孩子（而不论他们的性别认同、性取向如何），以及他们身后的所有父母。

为了解读正在经历青春期阵痛的男孩，以此来帮助他们成长为我们期待的样子，我们需要学习少量的生物学知识，需要从新的视角来看待男孩，也需要丢弃自认为完全理解他们的臆想。因为，我们的青春期早已远去，而且过去的世界也与现在完全不同。随后，我们需要打开对话的闸门，让话语奔涌，一如我们对女儿所做的那样。总之，我认为，要想更好地养育男孩，我们就必须打破沉默是金的老观念。

我们不会容忍女儿把我们拒之门外，因为，**她必须知道那些事情**。而此刻，我们也该像养育女孩那样来养育男孩了。如果这本书能让你有所收获，那么我希望这收获是：**他也必须知道那些事情**。也就是说，我们需要与他们交谈，哪怕他们一言不发。

目　录

第 3 章　是的，9 岁孩子可能已经进入青春期了

研究表明，今天的9岁孩子可能已经迈入了青春期的门槛，可是，由于男孩的青春期是从睾丸的变化开始的，这就导致很多父母甚至男孩自己都不知道青春期已经来临……

第 4 章　青春期延迟的男孩

男孩青春期延迟是指14岁还没进入青春期。从统计学的角度看，每100个男孩中就会有2.5个晚发育者。这些发育晚的孩子不仅看上去更稚嫩，长高更晚，而且最后的身高也会落后于人。相比正常男孩，他们还会出现抑郁、自卑、学习成绩差、攻击同伴和叛逆……

第 5 章　身体长大了，想法却没长大

孩子的身体和大脑的发育时间表完全不同。即便我们的孩子看起来已经长大了，可他们的心智还远未成熟……

下篇：外在影响

第6章 男孩与"那通谈话"
21世纪的全新教育方式

尽管青春期在很长一段时间都不涉及性，但到了某一时刻，所有孩子都会感受到性的冲动。跟孩子谈论性或许是亲子间最为重要的谈话……

第7章 男孩与性
色情内容、交换裸照与同意原则

由于网络的普及，色情内容已经无处不在……虽然受色情内容影响的孩子数量越来越多，年龄越来越小，但痴迷色情内容的主要是男孩……

第8章　男孩与美

没有付出，就没有回报

人们往往认为，爱美是女孩的天性。然而，男孩也在意自己的形象，担忧自己的身材，甚至为了拥有"超人"那种肌肉发达、富有男子气的理想身材而用不健康的方式增肌……

第9章　男孩与成瘾

奖赏回路兴奋剂

游戏、手机、酒精、毒品……如今，让孩子成瘾的东西太多了。成瘾会给人的身体、心理和社会造成巨大的影响。父母都希望自己的孩子能够免于遭受这些成瘾的折磨，然而，过多干预孩子的生活也十分有害……

第10章　男孩与枪
从校园枪击案到暴力游戏

在美国，校园枪击事件已经变得非常普遍，据统计，绝大多数校园枪手都是十几岁的男孩或二十多岁的年轻男性……男孩们经常玩的暴力视频游戏对孩子情绪的影响也是显而易见的……我们该如何在这一危机四伏的环境里教育家中的男孩……

我要讲的讲完了，现在该你去谈了

附录：青春期男孩的生物学
一切都会变大

致 谢

上 篇

内在变化

第1章

如何与男孩交谈

如果请营销公司来为男孩的青春期设计标志的话，你就会看到一扇关闭的门；如果它有动画效果，那扇门就会是被猛然关上的样子。

有人说，男孩子就喜欢一个人待着，这很正常，而我们这些男孩的父母们也接受了这一点。因此，当男孩进入青春期并慢慢开始与外界隔绝时，父母们往往会听之任之。可是随后，当他们突然长成大人时，我们脑里想的是，这家伙是谁? 为什么我觉得我对他不甚了解呢?

如果我们不与男孩交谈，就无法读懂他们，可多数父母都是这样。虽然睾酮等激素可能会使男孩的表达欲望有所降低，但父母自身多一事不如少一事、想清静就给你清静、用沉默来扮酷的做法，只会导致更多的沉默。如今，所有人都该抛掉那条先入为主的观念，即儿子不想说话。

现在，你可以提前了解这本书的要点。许多书都会把最重要的内容放在结尾处，以此来奖励读者读完全书，但在这本书里，我把最重要的内容放在了开头，因为藏着掖着对我来说毫无意义。倘若你已经掌握了与男孩谈话的几大要领，你就可以一边阅读这本书，一边趁新鲜去跟你的儿子深入探讨青春期、性和毒品等话题了。换句话说，读完这部分，你就再也没有借口拖延谈话了。

闲话少说，下面就是如何与男孩谈论青春期以及与之相伴的身心巨大改变的方法。这可能是你在养育书里见过的最短的首章内容，但愿它同样也是最有用的。剧透一下：这些提示中的每一条也都适用于女孩。

如何与男孩交谈

1.开口说！你对书中任何话题所可能产生的任何不适，乘以100，那就是你儿子所感受到的不适程度，所以不要紧张。要开启对话，你就要迈出第一步，即开口说话，大声说，对他说，硬着头皮也要说。

2.认真听。如果你儿子愿意跟你谈（有的孩子其实很容易沟通），你就要认真听，同时还要问问题。这是避免说教最简单的做法。不要只是提供建议（无论你认为你的建议多么高明），而是真正询问他的想法，因为他可能会告诉你一些你不知道的事情。

3.避免目光接触。至少在开始时，想想怎样做才能无须看着孩子说话，例如在汽车里谈，因为你要看路。你也可以道"晚安"并关灯后再谈，这时的你们看不到对方，话闸子就可能轻易开启。你也可以挑选特定的时间和地点，以便能够装作儿子不在身边。避免目光接触，是一把破冰利器，也在很大程度上是社交媒体火爆异常的原因。

4.关闭电视和电脑。如果你想跟儿子说上话，你就要确保他的眼睛没有在看屏幕。你不可能说出比他面前的屏幕上更深刻或更有意思的东西。

5.抓住时机。跟孩子谈话无须预约，也无须等他犯错之后再进行，抓住眼下的时机就好。例如，如果你们在一起，你刚好看到有人做了令人讨厌的事，或者看到公共汽车上有涉嫌违法的广告，或者闻到路人身上有电子烟的味道，那么你就把你的看法说出来，而不是装作没看见。你可以利用其他人或好或坏的行为来向孩子表明你对他们的期望。不过，他们也可能反过来指出你的坏习惯，所以尽量不要恼怒。

6.解释原因，不说教。设置规则时，简要地说明原因。这么做不会折损你的威严，还能让孩子明白其中的道理并自觉遵守。"不行，因为……"比只说"不行"更有效。需要注意的是，说明原因要简短，避免让谈话成为连篇累牍的说教。这是因为，说教会让孩子陷入沉默，有时还会让孩子产生恐惧或排斥心理。双向对话是成功养育的关键。要有来有往，你一言，我一语，避免自说自话。

7.沉住气。要想成功地养育青春期的孩子，你就要持续多年循序渐进地展开谈话。如果孩子没有回应（这有可能发生），那就要动一番脑筋，试着让孩子在适当的时候主动打破沉默。如果他看似要一直闷下去，你就要偶尔问他一些问题，或者不时给他一些小提示，给他点刺激，直到他说："好了，我知道了，别说了。"或者直到他主动起身离开。这种情况时有发生，不用担心。

8.指出积极面，但不要过度。青春期是尴尬的，至少有些时候是这样。如果你能指出孩子那些略有优势的方面，结果或许能够大为不同。例如，假如他长了很多青春痘，但同时也已经开始长个子，"势头"很好，你就可以提提他的身高优势。或者，假如孩子个子不高，皮肤却很好，你就可以夸夸他光洁的皮肤。这么做不是要把别的孩子比下去，而是要让你的孩子知道，在青春期的旅程中，他也是可以有所倚仗的。青春期就是这样，总是羡慕别人。

请不要忘记，青春期也是变化无常的，前一天的顺风顺水转天就可能成为问题。六年级时的大个子可能会渐渐发现自己的身高还不及平均水平，拥有俊俏脸蛋的小帅哥可能会长出一大堆痘痘。不要太在乎这些。毕竟，有些事情确实让人只有羡慕的份儿。

9.找人代你谈。 有些事情，你的孩子就是不想跟你谈，这很正常，所以要做好准备。你可以告诉儿子，除你之外，他还能跟谁讨论重要的事情。理想情况下，这个人应当是你们都信任的，并且至少要大他几岁，所以他的同龄好友并不是合适的人选。还要注意的是，你要事先告诉那个人，让他（她）有所准备，甚至还可以建议对方在什么情况下说些什么话。这一点非常重要。否则，如果你的孩子遇事去求助，对方多半会一头雾水。

10.最后，从头再来。 这一条或许是这份清单上最有价值的建议，不过更多涉及你与自己的对话。如果你失败了（我们都会失败），那就承认并做出调整。我们都会犯错，会把孩子弄哭，会定下荒谬的规则，会心口不一，会在不该笑时发笑，会过度惩罚，会遗漏真正需要管教的事项，会不小心翻白眼，会控制不住自己的情绪，会大喊大叫，会犯书里提到的各种错误，因为我们是人。如果错了，那就承认错误并调整，必要时道歉，接着再做尝试。为人父母就该如此。

第2章

睾 酮
让男孩变身男人的神奇激素

很多人都认为，睾酮能激发人的保护欲，让人去攻击和冒险，也让肌肉更有力量。你感到怒火中烧吗？那也是睾酮在作祟。这些观点有科学提供支持。大量研究表明，睾酮确实是男性容易激动和好斗背后重要的生物学因素。但是，睾酮的作用并不限于此，它扮演的角色非常多。

无论从哪方面看，睾酮都是男性的标志性激素，它赋予男性的不仅是强壮和攻击性。睾酮及其衍生物还能促进男性胎儿的身体发育；促使男孩进入青春期并在其中快速成熟；激发性欲和与之相伴的勃起；提高骨密度，加快红细胞生成；以及引发男性型脱发（雄激素脱发）。虽然睾酮并不是参与上述生理过程的唯一激素（它还需要大量其他激素协同工作），但它是其中不可缺少的部分。所以，既然这本书讲的是男孩如何蜕变为男人，我们就该首先深入研究这种几乎与所有男性特征都密切相关的激素。

这一章介绍了睾酮的工作原理，以及为何它是男性身体发育的关键因素。此外，这一章还深入探讨了睾酮对亲子沟通方式的影响（如果这一影响存在的话）。因为，男孩长到十几岁时，他们的父母几乎都会在孩子身上看到某种程度的退缩表现。有语言上的退缩，也有空间上的退缩，二者往往并存。他们常常把自己关在屋里，跟父母说话也越来越少，直到最后只蹦一两个字出来，例如，"好""不去""行"，或者只咕哝个"嗯"。肯定有男孩不是这样（肯定也有女孩是这样），但就算话最多的男孩，通常也会经历一段相对沉默的时期。男孩话少是非常普遍的现象，跟脚臭和饭量大增一样常见。但是，这是睾酮的杰作吗？

目前已经有几百项研究探讨了睾酮对不同年龄段人群的作用，不过有了这本入门读物，你就不必去一一阅读了。下面的内容总结了睾酮对身体的多种影响，以及目前已知的睾酮在典型男孩青春期中所发挥的作用。

什么是睾酮

欢迎你来到睾酮小课堂，我将用不那么严肃的方式来为你介绍睾酮，因为了解身体的工作方式应该是一件轻松的事。简单地说，睾酮是让男孩的性器官等部位加快成熟的激素。激素是人体产生的化学物质，用来调节细胞乃至整个器官的活动。人体能分泌许多种激素，分别调节不同的生命过程。例如，甲状腺激素调节能量消耗，生长激素促进骨骼（和其他组织）生长，胰岛素调节血糖浓度。人们通常认为，所有激素都与青春期和性有关，但事实远不是这样。大多数激素与这两者完全无关。

不过，睾酮发挥作用的主要领域确实是性与生殖。早在胎儿时期，睾丸就已经开始分泌睾酮，这也是睾酮这一称谓的由来。男孩之所以是男孩，是因为体内有睾酮，以及体内的各种细胞能够通过外表面的受体"发现"睾酮。所有无法产生足量睾酮，或者无法感知睾酮存在的人类胎儿，都将发育成为解剖学意义上的女性。

在婴儿期过后的几年里，男孩体内的睾酮会维持在较低的水平。除睾丸外，人体的其他部位也能产生少量睾酮，例如，男性和女性肾脏上方的肾上腺，以及人体外周的某些组织。有些激素游离在身体里，它们很像睾酮，又不完全是睾酮，但可以通过某些组织，例如人体外周的脂肪组织，转化为睾酮。有研究表明，在出生后的第一年或第二年里，男孩体内的睾酮水平可能会短暂升高。但总体而言，男孩体内的睾酮一直会维持在相当低的水平。直到青春期来临，睾酮才开始大量分泌。此后，睾丸就会是睾酮的主要生产场所，男性体内90%的睾酮都将由它来供应。

人脑中有一片特殊的区域叫**下丘脑**，当它开始释放一种叫作**促性腺激素释放素**的激素时，男孩的青春期就到来了。这种激素在大脑里扩散，很快就会到达附近另一片叫作脑垂体的区域，并且激发它释放另外两种激素，即**黄体生成素**和**卵泡刺激素**。这两种激素离开大脑，经过"长途跋涉"到达睾丸，再让睾丸开动起来，生产睾酮，直到最终产生精子。①血液中的睾酮浓度大幅升高后，下丘脑就会得到信号，停止分泌促性腺激素释放激素，于是脑垂体也停止分泌黄体生成素和卵泡刺激素，如此一直传导到睾酮生产停止，睾酮水平下降。但是，一旦睾酮水平下降到足够低的程度，下丘脑就会重新启动，再次释放促性腺激素释放激素，后者也将再次激发脑垂体分泌黄体生成素和卵泡刺激素，这两种激素也将再次通知睾丸，重新启动睾酮生产，

①黄体生成素负责启动睾酮的生产，而卵泡刺激素则刺激生精小管的生长，即未来生产精子的场所。如果睾丸生长是青春期的初始标志（我们将在第3章里详细介绍这一点），那么卵泡刺激素就是促使睾丸生长的首功之臣，因为生精小管的生长是睾丸尺寸增加的主要原因。顺便说一句，黄体生成素和卵泡刺激素也同样是帮助女孩进入青春期的激素。它们会进入女孩的卵巢，由黄体生成素来启动雌激素的生产，并最终引发排卵。而卵泡刺激素则促使卵子在女性的受孕期内成熟，每次一枚。

如此进入新一轮的循环。这是一个同时包含了正反馈和负反馈机制的精妙绝伦的过程，它能开启和关闭来自身体不同部位的多种天然化学物质的分泌和释放。

一开始，究竟是什么激发了促性腺激素释放激素的分泌，进而叩开了整个青春期的大门？目前还存在争议。事实上，没有人确切地知道孩子们为何会进入青春期。但有一点很清楚，那就是，青春期改变了大脑对睾酮的敏感性。学龄前男孩的循环睾酮水平非常低，几乎检测不到，可他们的大脑却不会因此而指示睾丸分泌睾酮。与此同时，青春期男孩和成年男性的循环睾酮水平要高很多，甚至可以高出50倍！可一旦睾酮水平稍有下降，睾丸就会及时开足马力制造更多睾酮。所以，青春期的来临以某种方式改变了男性大脑对睾酮的敏感性。另外，男孩和女孩的身体原本都会产生睾酮，因为他们有众多身体机能离不开这种激素。这些睾酮是在肾上腺和脂肪组织中产生的。可一旦进入青春期，睾丸就会开足马力生产睾酮，而由于女孩没有睾丸，所以就会在睾酮水平上迅速落后。

如果你还不了解睾酮对身体有哪些具体的影响，你可以扫一眼下面的清单。因为，这份清单几乎可以解释你家男孩进入青春期后可能发生的一切改变。只要睾酮水平足够高，你就会看到：

· 阴茎和睾丸生长（当然，能否看到还取决于你的儿子是否给你看）
· 性欲和勃起（同上）
· 瘦体重成分和肌肉组织增加
· 声调降低
· 个性改变，权力欲和控制欲增强

你可能已经注意到了，上面没有提到体毛发育和长青春痘，这是因为，睾酮并不是与青春期有关的唯一激素。青春期男孩的部分身心变化并非源自睾酮，而是源自由肾上腺分泌的其他一系列激素，即**肾上腺雄激素**。这些术语非常烦琐，你只须记住：**雄激素**是所有"男性"性激素①的统称，所以睾酮也属于雄激素。肾上腺能分泌许多种雄激素，例如，脱氢表雄酮、硫酸脱氢表雄酮和雄烯二酮等。其中有些激素生物效应较弱，只辅助其他激素发挥作用，而有些激素自身就拥有强大的生物效应。还有一些激素可以在人体外周转化为睾酮。

肾上腺雄激素是所有孩子，包括男孩和女孩，皮肤出油、体毛发育和体味加重的主要原因。它们对毛囊有直接影响，能改变毛发的颜色和质地——这里说的是阴毛和腋毛！——并能让毛囊分泌更多油脂和汗液，进而加重体味。这方面内容在书后的附录里有详细介绍，我在这里提到这一点是因为，睾酮常被人误会为体毛发育和体味加重的元凶。其实，这主要是肾上腺所分泌的各种激素搞的鬼，而不是睾丸所分泌的睾酮。

尽管体毛发育和皮肤变得更容易出油或出汗是青春期的典型标志，但这是由肾上腺引发的现象，而不是睾丸。也就是说，即便孩子已经开始散发体味或长出阴毛，已经开始具有某些成人的身体特征，但也不代表他们的生殖系统已经成熟。只有当男孩的睾丸（或女孩的卵巢）成熟时，他们才能拥有生育能力。因此，如果你发现孩子已经长出许多阴毛，却没有观察到其他变化，那就说明他正处于**肾上腺功能初现**阶段的青春期，而非**性腺功能初现**阶段或相对成熟阶段的青春

---

①一般来说，雄激素，特别是睾酮，所作用的对象是整个人体，而远非只与男性的第二性征有关。睾酮对新陈代谢、骨骼健康、肝脏和大脑功能也十分重要。事实上，许多人不赞成将睾酮称作"男性"激素。特别是最近，在用睾酮水平判断运动员能否作为女性参赛的体育领域，这一话题引发了许多争议，例如，奥运会选手卡斯特尔·塞曼亚（Caster Semenya）。如果某位女性运动员的睾酮水平天生就很高，那么由此而来的竞争优势对其他女性选手是否公平？在竞技体育领域，由性别区分和性别定义所引发的争议正变得越来越大。

期（性腺即睾丸和卵巢）。

睾酮对身体的各个部分都有巨大的影响，但它与雌激素保持着动态的平衡。雌激素主要在卵巢中产生，可是男性没有卵巢，于是你可能会认为，男性体内没有雌激素。但正如肾上腺可以产生睾酮前体，而人体外周的多种组织又能将睾酮前体转化为睾酮一样，雌激素也可以经由同样的路径产生。因此，就像女性体内有低水平的睾酮一样，男性体内也有低水平的雌激素。如果男性的雌激素水平过高，睾酮与雌激素失去平衡，男性就会表现出某些女性化特征。最常见的是**男性女乳症**（男性乳房发育症），也有人称之为肥仔波（Man Boobs）。这样的男孩通常乳房很小，而且这只是暂时的现象。它们看起来像是青春期早期女孩乳头下方所出现的坚硬小丘，有时也可以长得更大些。但无论是哪种情况，这种表现都可能引发焦虑或羞耻感，尽管有些研究估计，多达一半的青春期男孩都会在某段时间里表现出男性女乳症。

最后，睾酮水平的改变不仅发生在青春期早期，也发生在每一天的早晚之间。我们知道人体有生物钟，但近期的多项研究表明，我们身体里的所有器官都有其独特的生物钟。也就是说，它们根据自己的时钟来工作或分泌激素。肝脏有肝脏的生物钟，肾脏有肾脏的生物钟，大脑有大脑的生物钟。睾丸也同样如此。所以，睾酮水平也会在一天当中起起落落（通常在早晨达到高峰）。从一生的视角来看，人体的所有器官都有生物钟，睾丸也不例外。睾丸生产睾酮的高峰期，在男性十几岁到二十岁出头之间。过后，睾丸分泌的睾酮就会逐渐减少，于是电视上就出现了大量向老年人推销这种激素的广告。虽然睾酮水平在一天和一生当中都会有变化，但男性睾酮水平的正常范围通常都很宽泛，并且没有确切的"低睾酮"标准。因此，我要对爸爸们说，如果你觉得自己睾酮水平低，你就要注意，医生们可能并不这么认为，所以不要上广告的当。记住，人都有个体差异。你觉得自己缺睾酮，那可能是因为你抽血的时间不对，或者是你拿来比较的对象不对。

男孩的情绪波动

性激素，即雌激素和睾酮，会影响大脑，这一事实几十年来广为人知。一般来说，雌激素主要激发学习与记忆等过程，而睾酮主要激发性欲。我在这里过于简化了，但我要说的是，激素并非只在脖子以下循环，它们也能深刻地塑造我们的思维方式。在青春期，由于激素水平升高，它们对大脑的影响也会变得更大。也就是说，睾酮不仅会激发青春期男孩几乎所有的生理变化（体毛发育和皮肤出油除外），还影响男孩的情绪、行为和决策。这也是老生常谈了。

接下来我要说的或许会让你感到惊讶，因为在过去几年里，科学家们已经对此大为吃惊了，那就是，睾酮直接影响男性大脑的组织方式。睾酮与**神经细胞**（大脑中最重要的细胞）结合，刺激**轴突**（神经细胞伸出的长臂）生长，促使轴突与邻近的神经细胞建立新的连接或断开已有连接，以此来改造大脑。睾酮还能刺激**髓鞘**生长。髓鞘是包裹在轴突外侧的一层脂肪细胞，起绝缘作用，能大幅提升神经传导效率。总的来说，睾酮能激发神经细胞建立"信息高速公路网"，加快信息传输，进而从根本上重塑大脑。

睾酮还能对大脑的特定区域施加更强大的影响。这是因为，这些脑区有更多睾酮受体，于是更易受到睾酮影响。这些区域有**杏仁核**（大脑的情绪中心）、**海马体**（主要负责记忆）和尽人皆知的**前额皮层**（负责计划、忍耐和情绪控制）。

需要注意的是，在青春期，大脑情感区域（包括杏仁核和海马体）和理性区域（前额皮层）的发育并不平衡。虽然这两大区域都拥有更多的睾酮受体，但情感区域成熟得更早，因此能更快地发送和接收信息。这一点有助于解释为什么你家青春期的孩子有时（或总是）善变而冲动。大脑的基本构造与此有很大关系，我们将在第5章里详细讨论这一点。

我在这里提及这一点，是想强调睾酮也可以影响情绪。每当谈到青春期女孩的情绪时，几乎所有父母（无论家里有没有女儿）都会滔滔不绝地大谈她们的阴晴不定和喜怒无常，并将之归咎于雌激素。父母们喜欢谈论这类话题，是因为青春期女孩的情绪不仅无限丰富，而且可以在两个极端之间迅即转换。需要注意的是，睾酮也能引发情绪波动。而且科学现已证明，大脑也会在睾酮的作用下表现出相应的结构改变。

所有人都知道，睾酮能让人产生攻击性和愤怒情绪。但有人并不认为这两者之间有直接的联系。[1]实际上，许多研究都表明，睾酮对冒险行为和情绪低落的影响也同样巨大，甚至更大。于是，男孩的情绪往往会在愤怒、冲动和悲伤的三角中波动。对父母来说，这可不是什么好消息，但你可以设身处地地为他们想想。

睾酮与安静的男孩

进入青春期后，许多男孩的话匣子会突然关起来。这一现象十分普遍，几乎成了男孩进入青春期的标志性特征。不过，有些父母并不认同我的这一看法，坚持说他们的儿子一直在跟他们说话，还补充说，"我们的关系非常亲密"。祝贺你！不是所有孩子都会表现出青春期的所有特征。但是，得知别人家的男孩子也会变得不爱说话，绝大多数父母都会放心许多。如果你家的男孩还非常小，你也会乐意知道，倘若他在不久的将来把你拒之门外，那也没什么大不了。而且，

---

[1]在《荷尔蒙的真相》（*The Truth About Hormones*）一书中，作者薇薇恩·帕里（Vivienne Parry）提供了另一种解释：睾酮水平较高的男孩更受欢迎，与受欢迎相关的是冒险，而非攻击。她认为，使男孩表现出暴力行为的不是睾酮本身，而是地位低微所带来的剥夺感。这是个有趣的理论，期待新的后续研究。

多年后回首往事时，那些话多孩子的父母往往也会发现，孩子在青春期的某个阶段确实话少了那么一点点。

遗憾的是，目前还没有像样的研究来探讨睾酮在青春期男孩不爱说话这一现象中的作用。对此，我觉得很不可思议，至少也不是很理解。毕竟，这一现象太普遍了。

也许这是因为，话少不同于肌肉发达、性欲旺盛或喜好争斗，并不是男性的标志性特征。那些特征更容易测量，于是研究起来也更为容易。何况，愤怒比沉默更引人关注。

或者，这是因为，男孩子们的话似乎还会渐渐多起来。毕竟，成年男子一般不会像他们十几岁的时候那么沉默寡言。不爱说话的成年男性确实存在，但我们遇到的大多数成年男性仍旧比较健谈。如果是睾酮让进入青春期的男孩沉默了下来，那么几年之后，睾酮同样多甚至更多的他们为何又开始说话了呢？所以，睾酮在其中的作用十分可疑。而且，如果男孩子们一般都能走出沉默地带，那研究者为何还要为此而花费功夫呢？

我们的社会不关心这件事是有道理的，特别是，男孩话少的阶段并不长。我问过的所有成年男性都强调，这只是他们生活中的一段寻常经历，没什么可担心的。他们说，应该把注意力放在明显会产生负面影响的事情上，比如睾酮所激发的愤怒，因为后者可能会让孩子参与打架、涉枪暴力或性侵。至于他们有那么几年不爱说话，这种事并没有多少人关心。

如果男孩把父母关在门外的行为普遍存在，并且大多只是暂时现象，那么我们还需为此而担心吗？儿科医生和发展心理学家都知道，到12岁左右，男孩和女孩都会突然强烈关心起同龄人的想法来，同时不再看重父母的意见。这一转变与大脑的变化相一致。与父母在身边相比，朋友在身边时，他们大脑边缘系统（例如，杏仁核和海马体）的特定区域会变得更加活跃。有趣的是，不论这些朋友是真实的存在还只是虚拟的存在（例如社交媒体），情况都是如此。换句话说，他们在同龄人身边并不安静。也许，男孩的沉默只是对成人和看护者的暂时回避，仅此而已。特别是，在朋友身边时，他们往往是完全放开的。此时，他们的脑区确实是活跃的。

男孩的沉默是选择性的，也是短暂的，这一点或许能够解释研究者为何没有去深究这其中的原因。但问题是，当孩子们停止讲话后，我们做父母的往往也会停止跟他们讲话。而且，鉴于我们当下的文化，父母不与男孩沟通的后果正变得越来越严重。这就是这本书所强调的：如果我们不常与儿子谈论后面几章所涉及的那些话题——例如，无孔不入的网络色情内容和日益严重的校园暴力——我们就无法帮助他们去防范相关行为可能造成的后果。而且，有些后果在今天比过去严重得多。

为了能够详细讨论所有这些敏感话题——不仅要鼓起勇气提出来，还要让谈话真正进行下去——我们必须在他们关上门之前迈一只脚进去。我们可以尊重儿子对隐私的需求（睾酮对身体的影响之一就是让他们渴望拥有隐私），但同时也要坚持定期了解他们的校园生活、朋友、感受、苦恼、胜利和失败。因为，不论沉默是否源自睾酮水平的改变，只要我们放任儿子的沉默，不去保持沟通渠道的畅通，请相信我，等到我们不得不跟儿子谈论某个重要话题的时候，原本的坦途就会变成难以翻越的高山。

有大量研究证实，谈话是有益的。如果孩子们能够向愿意帮助他们的人诉说当下的苦恼，他们就能从后者那里收获教益；如果他们能用语言来描述未来可能发生的事情并思考应对之策，他们就能训练自己的大脑在关键时刻用更加符合逻辑的方式行事。说到底，谈论生活中发生的事情，能让所有年龄段的人都变得更加安全和健康，对青春期的孩子来说尤其如此。表达能强化人的自我意识，减少冒险行为，增加事前规划。即便发生了意料外的事情，沟通渠道的畅通也能便利我们与孩子事后总结经验。

也就是说，虽然不说话不一定有多大的坏处，但说话肯定有好处。

我希望这一章能告诉你，睾酮水平的上升确实与我们在十几岁男孩身上看到的安静之间有直接的联系，但我没有相关的数据。不管青春期的男孩为什么沉默，这时的他们体内正在产生大量的激素，而这显然会影响他们的体格、情绪状态和生理表现。也许在未来的某一天，人类会发现，睾酮的确是或不是这一现象的成因。这一点或许并不重要。重要的是，我们需要认识到，在男孩可能最需要谈话的时候不跟他们谈会造成怎样的后果。

如何与男孩谈论睾酮

1.这不是什么坏词。顺便说一下，任何身体部位，包括它们的变化或功能也都不是坏词。我们越早养成谈论正常身体功能的习惯，我们的儿子（和女儿）就越有可能在提出问题时使用正确的词汇，从而避免言不及义和误解！因此，我们要经常使用生物学词汇，并在需要时为孩子解释清楚。

2.这不是他们该吃的药。也就是说，除非睾酮是由医生专门开给你儿子的，否则他就不能吃这种药。现在，宣传睾酮功效的广告到处都是，让很多人误以为自己也需要吃这种药。而且，跟许多药一样，这种药只要想弄到手，终究是可以弄到的。因此，你要告诉你的儿子远离激素补充剂，除非这药是医生开给他的。

3.这是谈论孩子对自己的形体预期的绝佳切入点。只要稍稍注意身边关于睾酮的信息，你很快就能体会到，你的儿子每天都在经历些什么。如果有人把睾酮与男子气概、男人风范或肌肉线条等事物联系在一起，你就要抓住机会说点什么。坦率地说，即使没有提到睾酮，你也要抓住机会跟孩子沟通。处于青春期早期的男孩对他们未来的样子有非常高的期待。重要的是了解孩子的预期，接着再帮他管理这一预期。

第3章

是的，9岁孩子可能已经进入青春期了

我们用一点点时间，回头去看看9岁时的自己。我不在乎你是男是女，只要超过9岁就行。

你很可能在上三年级或四年级。这时的你可能有许多朋友，或者有一个特别要好的朋友。你或许会想起一个人溜达在放学路上，或许会想起万圣夜里跟小伙伴一起挨家挨户讨要糖果。还有周六上午的动画片、课间的游戏时光，以及随处可见的"惊奇"（Wonder）牌面包。

我猜，你并没有想起那时身体所出现的变化。9岁时，很少有女孩会去关心乳房、体毛和身材这类问题。至于男孩，就更别提了，他们开始显露出男子汉的模样还要再过好几年呢。

可是到了今天的孩子这里，一切就都不同了。"惊奇"牌面包开始有害健康；万圣节充斥了毒彩妆和开车发信息、对成群的孩子毫无察觉的司机；在许多地区，放学独自回家成了彻头彻尾的叛逆行径。今天，9岁的孩子可能已经进入三年级，但也有可能还在上二年级，因为孩子进入幼儿园的年龄正变得越来越大。再过一年，他们的伙伴中就会有一半拥有自己的手机或电脑。现在，孩子拥有第一部手机、平板电脑等移动连接设备的平均年龄是10岁（而且几乎毫无疑问的是，到这本书出版时，这一年龄会更低）。而在我们9岁时，我们会在打电话时把电话线拉得老长，恨不得拉到另一间屋甚至衣柜里，以便把自己的隐私藏在门背后（当然了，如果你是比较年轻的父母，你当年用的或许就是那种笨重的无绳电话了）。可是，这种躲躲藏藏的打电话方式并不见得多么管用，因为家里不止一个听筒。于是，兄弟姐妹也就多了一种捉弄彼此的手段，要么静静地偷听对方说话，要么更为过分的是，用大声喘息来捣乱。今天，这种事已经不会再有了。

总之，今天9岁儿童的生活，是我们9岁时从未经历过的。而且，今天的9岁儿童有许多已经进入青春期。女孩的身体发育已经大大提前。不过在很长一段时间里，我们只把它看作女孩独有的现象。但事实证明，男孩其实也完全一样。虽然不是所有男孩，但很多男孩，甚至大多数男孩都是如此。也许你的孩子也是其中之一，哪怕你并不这么认为。

到底什么是青春期

我们先来复习一下，到底什么是青春期。这个词的意思看似十分模糊，实际上，它的定义非常明确。**青春期**是身体和大脑走向性成熟和具备生殖能力的过程，包括一个人从孩童转变为能够繁衍后代的成年人所必经的全部阶段。这句话或许不大容易理解，但是，你家那个一脸稚气、不见一根体毛的小男孩或许已经进入了青春期。

我们在前面介绍过，当男孩进入青春期时，大脑会通知睾丸制造睾酮，进而启动一系列连锁反应，刺激睾丸和阴茎生长。不过，这是一个**非常缓慢**的过程。不管我们的直观感受有多么突然，青春期的一切变化其实都是潜滋暗长的。身体需要一大段时间来逐渐增加睾酮的分泌（生长和发育需要的时间更多），所以，男孩子们才不会立即显现出肌肉隆起、声调降低等众所周知的源自睾酮的典型生理效应——

那是几年之后，睾酮正式登上舞台后的事。

还要记住的是，有些孩子可能会因为长体毛、长青春痘等表现而看起来像是已经"发育"了，但这些表现很容易造成误导。它们属于青春期的常见表现，这没错，但它们跟睾丸的成熟完全是两码事，与睾酮水平和生育能力毫无关联。在肾上腺雄激素的作用下，体毛的发育，皮脂腺、汗腺的活跃遵循着另一套时间表。这很讽刺，因为，虽然腋毛、青春痘和体味常常是父母最先在孩子身上注意到的变化，但它们并不代表男孩腰部以下也在朝男子汉的目标大步迈进。我们之所以有这种错觉，原因只是，在大多数情况下，这两种激素"发威"的大部分时间是重合的。

睾丸机能的提升非常缓慢，睾酮的生理效应也要几年之后才能显现，所以，我们做父母的（以及孩子身边的其他人）常常会在孩子进入青春期一年甚至两年后，仍旧对此一无所知。孩子在此期间的大部分变化都是不显山不露水、极难察觉的。一些心思细密的男孩或许还可能注意到自己的睾丸变大了，但许多男孩对此毫无察觉，更别提我们这些大人了。

说来有些讽刺，睾丸毕竟长在身体表面，它有没有长大完全看得到，不像女孩，分泌雌激素的卵巢长在肚子里。不过，我们的文化确实不主张父母去查看男孩子的生殖器。不仅如此，进入青春期的男孩还总想一个人待着，让变化在关起来的门背后悄悄发生。我们甚至不该在他们洗澡的时候跟他们说话，更别提往他们下面看了。这样的态度既有好处，也有坏处。当然了，有些国家和地区的人们并不这么看。就算在美国，也有人认为男孩子可以在家里不穿衣服。或许，那些查看男孩生殖器的父母也能准确地知道，孩子何时开始"蹿个子"，何时开始声调降八度，以及何时开始用一两个字来敷衍你的追问。

不过，我能理解为什么我们的社会在整体上秉持这样的态度，因为私处属于隐私，至少出了家门是这样。这一社会规范背后的潜台词是，你的身体是你的，你对它拥有支配权。别人或看或摸，首先都要征得你的同意。这么做缺点明显（例如，某些形式的性表达可能会引发羞耻感），但它至少能部分地解释，为什么我们要穿着衣服出门。总之，很少有父母对我说，他们知道家中男孩的生殖器所发生的变化……所以大多数父母都不知道，他们的儿子已经进入了青春期。

如果得知男孩进入青春期的唯一办法只能是检查他们的睾丸有没有长大，那么女孩占据这一话题的中心位置似乎就可以理解了。毕竟，女孩在青春期初期的生理变化，例如乳房发育和骨盆变宽，不论穿不穿衣服都要明显得多。

关于青春期提前的讨论是从女孩开始的

我们认定女孩而非男孩青春期提前，女孩生理变化的直观性在其中起了重要的作用。这件事要从1997年说起。当时，美国杜克大学医学中心的临床医生、研究员马西娅·赫尔曼-吉登斯（Marcia Herman-Giddens）发表了一项对17000余名女孩的研究，结果显示，她们开始发育的年龄越来越早。在赫尔曼-吉登斯之前，唯一一项针对青春期的大规模研究，是由英国儿科医生詹姆斯·坦纳（James Tanner）和助手雷金纳德·怀特豪斯（Reginald Whitehouse）进行的。这项关于人类发育的调查研究开始于20世纪40年代末，前后持续数十年之久。每一年，他们都会为参加调查的儿童拍几次照片，以此来记录他们的乳房和生殖器的发育状况。从未有人做过这种研究。如今，这样的研究也必定无法实施。然而，多亏他们收集了这些信息，人类才得以从数量化的角度来描述青春期的各个阶段。今天，世界各地的医生仍旧在使用坦纳的五阶段模型来评估儿童在青春期中的发育程度。而且，直到1997年，大多数医生仍旧在使用坦纳的数据来告知父母，孩子大约会在何时进入青春期，即，女孩一般在11岁生日后进入青春期，男孩一般在11.5岁左右进入。

这一研究的优点是持续多年多次调查同一组研究对象，测量他们在这段时间内的生理变化。这种研究设计就是**纵向研究**（也称纵贯研究）。而**横向研究**（也称横断研究）或许会测量许多不同年龄的孩子，但每个孩子只观察一次。与横向研究相比，纵向研究的结果一般更为可靠。不过，虽然纵向研究通常能得到更加丰富的数据，但也费时费力费钱，所以，在坦纳的研究之后，大多数针对青春期孩子的研究都是横向研究。

尽管坦纳和怀特豪斯的研究设计十分出色，却仍有一项重大缺陷：他们只使用了照片。确实，坦纳和怀特豪斯都没有对孩子们进行直接的身体检查，而这比看照片准确得多。因此，很多人都质疑他们的结论。不过，多年以来，当众多研究者试图证实或证伪坦纳的结论时，他们所采取的研究方式都与坦纳稍有不同——有人对孩子进行了直接的身体检查；有人观察了不同年龄段的孩子；有人使用了各种各样的生理和激素标志物，许多标志物在坦纳做研究的时候甚至还不存在；有人甚至对青春期的起点提出了新的看法。所有这些因素导致我们几乎无法将新的结论与坦纳的结论相比较。坦率地说，它们即使在大的趋势上也难以达成一致。[1]

尽管如此，坦纳对男孩和女孩"应当"在何时进入青春期的报告一直是最权威的标准，直到赫尔曼–吉登斯的研究结果发表。

———————

①坦纳所得出的一项重要结论是，女孩从进入青春期（他将乳房发育作为青春期的起点）到月经初潮一般需要两年出头的时间。坦纳的研究确立了许多条标准，其中之一便是从青春期的起点到青春期的重要里程碑之间的"正常"时间间隔。但是，这一时间间隔过去是专属女性的，现在也仍然是。男性并不存在类似的时间间隔……这也使得男孩的青春期更加难以量化。而且，正如你即将读到的那样，即便是女孩从乳房发育到月经初潮的时间间隔也发生了变化。

马西娅·赫尔曼-吉登斯没想过要打破这一标准。但是，在每天检查患儿的过程中，身为儿科医生的她发现，他们的发育比坦纳所说的早得多，特别是女孩。她想弄清楚，到底仅仅是她的患者过早地进入了青春期，还是整个美国都是这个样子？到底仅仅是她的患者偏离了常态，还是她的眼前所见已经是一种新的常态？于是，赫尔曼-吉登斯开始与美国儿科学会（AAP）和全国各地的医生合作，共同检查、测量和记录患儿的生长和发育状况。这些数据最终显示：女孩进入青春期的时间比坦纳报告的提早了一年半。而且，进入青春期的年龄与人种有关。黑人女孩发育最早，其次是拉丁裔女孩，最后是白人女孩。[1]值得注意的是，女孩月经初潮的年龄变化不大，只比坦纳几十年前所报告的提早了3~6个月。换言之，赫尔曼-吉登斯突然发现，虽然青春期似乎提早来临了（至少对女孩来说），但它的进程并没有加快。实际上，这一女孩及其父母都不太喜欢的人生阶段正在延长。

赫尔曼-吉登斯的发现震惊了世界，相关报道登上多家报纸和杂志头条。虽然缺少互联网的病毒式传播——那时还没有新闻推送和社交媒体——但这一消息仍旧得到了极大的关注。如今仍然如此。在过去20多年里，赫尔曼-吉登斯因为用数量表示了父母和医生经常在家里和办公室里看到的现象，受到了许多人的称赞。确实，她宣布了新的常态的来临。[2]

---

[1]我已经注意到，这里只提到了白人女孩、拉丁裔女孩和黑人女孩。美国还有其他许多种族，还有混血儿童，但研究结论中并未提及。因为样本量不足，这类人群的数据被省略掉了。但幸运的是，这一问题正在纠正当中。在过去几年里，一些小规模的研究正在努力扭转缺少亚裔女孩数据的现状。这些研究显示，亚裔女孩进入青春期的时间与白人女孩相当，甚至晚于白人女孩。

[2]有人批评，她的研究样本代表性不足，评估方法也存在瑕疵。对于后面这点，样本中最小的女孩只有3岁，这一点非常关键，因为她的目标是尽可能多地研究尚未进入青春期的女孩。样本中最大的女孩是12岁，这一年龄距离青春期结束非常遥远，甚至早于许多女孩的月经初潮。因此，虽然她无法了解这些女孩在整个青春期内的发育状况，但她确实可以研究她们在青春期初始阶段的发育状况。

就在赫尔曼-吉登斯发表论文的那个夏天，我开始接受儿科培训。我与一位名叫路易丝·格林斯潘（Louise Greenspan）的住院医师一起工作，经常一起通宵值班。多年以后，路易丝成了一名儿科内分泌医生，她还开展了一系列研究来验证赫尔曼-吉登斯的结论。从2005年开始，身在旧金山的格林斯潘与在辛辛那提和纽约工作的研究者们合作记录了1200名女孩的青春期发育轨迹。2010年，他们的研究成果也成为头条新闻。因为，研究结果显示，赫尔曼-吉登斯的结论不仅是正确的，而且在这十几年间，女孩开启青春期的年龄甚至在继续降低。以乳房发育为例：在他们的研究对象中，8岁时乳房就已经开始发育的黑人女孩几乎达到半数，拉丁裔女孩几乎达到三分之一，白人女孩达到六分之一。甚至，7岁时乳房就已经开始发育的女孩也不鲜见。在她的研究中，近23%的黑人女孩、15%的拉丁裔女孩和10%的白人女孩都是如此。她们还只是些一、二年级的孩子。

女孩的青春期正在迅速成为研究热点，抢占头条更是常有的事。但我不明白的是，男孩被彻底冷落了。我记得，早在1997年时我就在想，没人谈论男孩是很奇怪的事。显然，男孩也会经历青春期（所有跟放学后汗涔涔的青春期男孩同乘一辆车的父母都这么说），可实际上，没有人操心家中的男孩何时进入青春期。女孩的青春期才是热门话题，绝大多数的研究也这么看。实际上，男孩几乎完全被搁置一边，直到赫尔曼-吉登斯本人开始着手纠正这一疏忽。2012年，她发表了本应再度引发轰动的关于男孩的研究成果，可结果却反响平平，这实在令人吃惊。

为何父母大多不知家中男孩已经进入青春期

每当我在讲座中谈到关于男孩发育的科学发现时，我经常看到有父母摇头，有时甚至喃喃自语："哦，不，不，不，女士。我儿子不是这样，完全不是！"实际上，父母们反对我最多的不是那些关于免疫接种或限制使用电子产品的话题，而是关于男孩何时进入青春期的话题。我常跟一些父母说，他们的儿子可能已经进入了青春期，可他们听了完全不相信。[1]所以，对于赫尔曼-吉登斯关于男孩的那些研究结果所遭受的冷遇，我一点也不应该感到惊讶，至少现在看来是如此。

那些确信家中男孩还未发育的父母们，我理解你们的心情，因为我也有个儿子。而且值得一提的是，我还有个女儿，所以很方便两相比较。女孩进入青春期是逃不过我们的眼睛的。因为，当一个小女孩突然开始表现出成年女性的外部特征时，我们根本无法否认。相信我，我尝试过否认。即便我们都尽力不去注意（因为似乎不该去注意，是吗？！），这种转变也还是赫然在目。总之，这种事逃不过父母的眼睛。顺便提及，父母关注孩子的成长和发育并没有什么错。但是，就在女孩在我们眼皮子底下蜕变的同时，我们却很容易对男孩已经进入青春期的事实毫无察觉。

这是因为，进入青春期的男孩不仅不会表现出曲线美，还往往不会在开始的一两年里表现出任何变化——他们的外表和动作仍旧是小男孩的样子。一开始，他们的青春期基本上是隐秘的、看不见的，因为唯一看得见的变化只有他们的睾丸。我们已经介绍过，为什么发生在男孩内裤里的变化很难被察觉。

不过，有人可以检查男孩的整个身体，包括"下面"，那就是儿科医生。他们甚至有专门的工具来测量睾丸的大小，以此来准确反映睾丸的发育状况。这种工具就是**兰花计**，它看起来像一串由十几颗

---

①父母们不接受青春期这么早就来到，原因之一是，他们害怕激素会威胁孩子的健康。在我们的文化的影响下，我们认为激素是不好的，会招致各种疾病。比如乳腺癌！自身免疫性疾病！抑郁症！雌激素等与生殖有关的激素确实与一系列疾病有关，但激素对身体发育和保持健康也至关重要。血液里激素太多或种类不对不行，血液里没有激素一样不行。

珠子穿成的项链。这些珠子从小逐渐增大。最小的珠子表示青春期前的睾丸，体积1~3立方厘米。最大的珠子表示发育完全的睾丸，体积15~25立方厘米。我们只能想象，当男孩子知道这条"项链"是什么时，他们的脸上会有什么表情。他们当中的许多人会笑起来，但也有一些男孩不笑！不幸的是，有的儿科医生并不会检查他们的生殖器。不过，大多数医生还是会这样做的，但他们当中的许多人并不一定会解释他们发现了什么。而且，即使他们解释给男孩听，多数男孩也不会急着跑回家去向父母报告。因此，除非父母在场，与医生谈话，否则他们就不会知道孩子已经进入了青春期。所以，儿科医生往往是唯一知道哪些男孩已经进入青春期的人。其他人几乎都对此一无所知。

2012年，赫尔曼-吉登斯进一步发表了确定男孩何时进入青春期的研究结果。这主要是因为，她看到男孩也有青春期提前的类似趋势，并且似乎没有人注意到这一点。她再次与美国儿科学会合作，通过专业人士的检查了解了4000多个男孩的发育状况，包括测量睾丸大小。最后，赫尔曼-吉登斯发现，男孩的青春期也提前了，比坦纳报告的时间提早了一年半到两年。记得坦纳曾经说过，男孩平均在11.5岁左右进入青春期吗？现在，白人男孩在10岁生日后开始发育，黑人男孩在9岁后不久开始发育，而拉丁裔男孩开始发育的时点介于两者之间。

通过查看男孩的生殖器和测量睾丸大小，赫尔曼-吉登斯终于将这一不为父母、研究者，甚至许多医生注意和讨论的问题大白于天下了。

这并不是说，除去20世纪40至60年代坦纳的研究和2012年赫尔曼-吉登斯的研究，其他人完全没有研究过男孩的青春期。这样的研究是有的。自1959年以来，美国疾病控制和预防中心一直在进行一项名为国家健康和营养检查调查（NHANES）的大规模研究。令人惊讶的是，20世纪世纪八九十年代的数据已经显示，男孩进入青春期的年龄早于坦纳所报告的年龄。世纪之交的研究也得出了这一发现。然而，最终，这些关于男孩的发现都因为研究本身的问题而遭受了批评，不是样本量太小，代表性不强，就是研究方法有缺陷，直到赫尔曼–吉登斯针对男孩的报告出炉。然而，这一话题仍旧少有人关心。即便所有人都在为女孩的发育感到忧心忡忡，即便曾经引发轰动的科学家本人都站出来为此摇旗呐喊，关于男孩和男孩青春期提早的话题也从未成为头条新闻。

有关男孩青春期的话题为何上不了头条

有些人认为，在我眼里，互联网和与之相关的电子产品完全是负面的存在。因为，身为儿科医生的我经常批评电子产品剥夺了孩子的睡眠，以及向孩子展示不适当的内容。但是，我并不讨厌互联网技术，它还是我朝夕相处的朋友。有一天，我还用它联系上了赫尔曼–吉登斯。那天，我查阅了她的一篇文章，随后点击了标题中她的名字，进入了一个介绍页面，里面有她的电子邮件地址。我发了一封邮件给她，她竟然没过几分钟就给我回了信。很快，我们就通过电话聊了起来。看到了吗？我仍然喜欢电子产品和互联网，尽管它们有时也会给我养育孩子的过程带来麻烦。

我很想知道，为什么男孩长期以来一直无法成为谈话的焦点。为什么研究者对男孩的兴趣要比对女孩少得多？而终于有人对男孩进行了研究之后，为什么其后的反响又完全比不上关于女孩的研究结论所引发的喧嚣？

赫尔曼–吉登斯告诉我："外界的反应跟我预想的一模一样……完全一样。很遗憾，人们对小女孩所开始展现的女性特征抱有一种挑逗的兴趣。就像《洛丽塔综合征》①之类的东西，或者随便你叫它什么。很遗憾，这种兴趣确实存在。在我看来，这就是最大的原因。还有，

---

① 日本一款涉及小女孩与性的电子游戏。——译者注

女孩可能会怀孕，跟男孩相比更有可能受到伤害。我认为很多（对女孩青春期的关注）背后是对小女孩所展现出的女性特征的好奇心。

"显然，女孩的青春期对所有人来说都是清晰可见的，没有秘密可言。"她的话证实了我自己对这个问题的看法。"所有人都能看到乳房的发育。月经也无法保密，至少在家里是这样。你不可能看不见。而对男孩来说，很可能他们自己都不知道青春期已经来临了。睾丸一开始只是微微增大，父母肯定不会发现。"

赫尔曼-吉登斯和我都认为：女孩的青春期是看得见的，不论这一点是好是坏，而男孩的青春期则不然。这只是一个能否看得见的问题，男孩与女孩所受到的不同对待与此密切相关。

那么，青春期为什么会提早来临呢？到底是谁按下了青春期的加速键？我希望我能给你一个简单明了的答案，但目前还没有人能做到这一点。发表了针对女孩青春期的研究结果后，路易丝·格林斯潘专门写了本名为《不同往常的青春期》（The New Puberty）的书来回答这个问题。现在，研究者们正在孜孜不倦地工作，以便弄清为什么孩子们的青春期在总体上大大提前。虽然我不是这些科学家中的一员，但在过去的几年里，我阅读了我能找到的所有相关书籍和文章。依我的看法，原因不止一个，而是有很多。最后，我们会得到一份长长的清单，上面列着我们在有意或无意间吸收进身体里的东西，而它们将使青春期提前激活。现在，我们已经有丰富的证据证明，超重会导致青春期提前，而类似雌激素的化学物质也有同样的作用。但是，我们还没有找到公认的罪魁祸首，更没有"吃什么，不吃什么"的清单来防止孩子们提早发育。我确信，答案不会那么简单。

不过，格林斯潘的一句话给了我很多安慰。她告诉我："一定有一条底线，我认为我们已经非常接近这条底线了。"换句话说，我们孩子的下一辈不会在幼儿园里叩开青春期的大门。

因此，是的，你家的9岁孩子可能已经迈进了青春期的门槛。赫尔曼-吉登斯在2005～2010年间收集了许多男孩的数据，测量了睾丸的大小，这是显示男孩跨越青春期门槛的最佳指标。在9岁的白人男孩中，26%已经进入青春期；黑人男孩的这一数字是43%，拉丁裔男孩是44%。到10岁时，白人男孩的这一数字跃升到了44%，拉丁裔男孩为49%，而黑人男孩则高达72%。遗憾的是，由于像亚裔男孩和混血男孩这样的群体并没有得到研究，结果还很难预料。别忘了，从科学的角度讲，这些数据已经落后了，因为时间已经过去了十多年，当时最小的孩子如今已经可以合法饮酒①了。因此，如果上面的数据已经是新的常态，那么在过去十多年里，这一趋势很可能还在继续发展。

我非常理解，你想尽可能长久地把儿子当小男孩来看待。而且在许多方面，他们确实是一副没长大的样子。雄激素的增多并不能让他们在一夜之间成熟起来。而且很多时候，情况恰好相反！所以，身为父母的我们最好能认清现实，但同时也要结合实际情况，重新理解现实意味着什么、不意味着什么。是的，你家的9岁男孩可能已经进入了青春期，但你没必要去检查他的身体来确认这一情形，你只须利用这一信息来改变你与他谈话的方式，跟他聊聊由睾酮激增而引发的身心转变。想到他的生殖器可能已经长大，下身可能已经长出阴毛，你是不是觉得无法接受？正如我在前面提到，后面也会再次提到的那样，你要关注的是他心里在想些什么。然后，你就可以跟他聊聊这件事，把它当作一件平常的事情去聊。无论你具体怎么聊，你都要让他知道，虽然你尊重他的隐私，但你也时刻准备回答他的问题，讨论新情况，甚至只是竖起耳朵倾听。青春期会给孩子带来一大堆由生理变化而引发的不安全感。这些生理变化有痤疮、体味、梦遗，也有声音变粗。对这一切视而不见只会让这种不安全感进一步增加。

如果你十分肯定你的儿子没有进入青春期，而我说的都是错的，

---

① 在美国，法定最低饮酒年龄为21岁。——译者注

因为你家孩子晚熟，你知道他的睾丸仍然如同兰花计上的小珠子那么大，那么请继续阅读。因为，了解有些男孩发育落后于同龄人，与了解许多男孩发育提前同样重要，这种情况同样会让孩子背上沉重的心理负担。

如何与男孩谈论青春期的到来

1.**提供信息**。让你的儿子知道有问题可以随时来找你。即使他不问，你也要给他提供一些信息。你不需要讲得太过复杂！先从基础的开始。比如，嘿，你知道吗？如果你洗澡不打肥皂，你闻起来就会像没洗澡一样。这么做或许可以挽救他的社交生活。

2.**不要想着自己去弄清楚**。如果你不确定儿子是否进入了青春期，而你又很想知道，那么一定不要采取自助的方式去搞明白。你要去找像我这样的儿科医生。许多男孩都会在身体发生变化的时候开始看重隐私。尊重他们的隐私比弄清他们的睾丸有没有长大更重要。如果你真想知道，那就去预约儿科医生吧。

3.**青春期很长，把握好节奏**。今天，虽然青春期可能会提早到来，但它的进程并不会加快，反而有延缓的趋势。所以，你有很多时间来开启关于青春期的谈话，例如，你问他，有人跟你说过什么是激素吗？

第4章

青春期延迟的男孩

　　严格地说，男孩青春期延迟是指到14岁还没有进入青春期（即睾丸尚未开始发育）。这样的男孩往往会遭受双重打击，他们不仅显示不出某些青春期的特征，例如，没有青春痘，没有隆起的肌肉，声调也没有降低，甚至没有声音沙哑，而且他们一般也不会像同龄人那样疯长个子。不过，有些发育晚的男孩仍然会长出一些阴毛或腋毛，或者会散发出一些体味，那是因为促成这些变化的是肾上腺雄激素，不是睾酮（如果有疑问，请回看第2章）。但总的来说，发育晚的男孩进入高中时仍旧像刚迈进初中大门的小男孩，而同龄的孩子都变了模样……对有的孩子来说，那已经是几年前的事了。

　　成年后的那些曾经发育晚的男孩已经能够越来越开放地谈论这一话题。他们当中的许多人借助日常交谈、访谈、随笔、博客、小说和剧本等各种可能的形式诉说了曾被当作儿童对待的感觉，而那时的他们实际上即将成年，甚至已经成年。他们往往会用调侃的方式来讲述自己所面临的巨大困境。只是，那种黑色的幽默让人在发笑的同时也感到苦涩。尽管他们当中的许多人也指出了穿越困境的道路，指出比别人付出更多努力是取得成功的关键，但我还没有遇到过一个庆幸自己发育晚的男性。

　　无论这种经历让人感到多么痛苦和孤独无依，从统计学的角度看，每100个男孩中就会有2.5个晚发育者。当然，这只是说法之一。而且，由于青春期的来临越来越提前，今天的"晚"可能会更加凸显。而且，在发育曲线尾端，总有一些男孩比其他发育晚的男孩发育更晚。

　　这一章所写的就是那些发育晚的男孩。等到他们终于低头看到性成熟的迹象时，学校里的所有女孩和几乎所有男孩都已经踏上了这条道路。在青春期越来越提前的当下，他们明显是异类。或许很难想象，有人会渴望长青春痘和那撮让人感到尴尬的夹在中间的体毛，特别是我们这些做父母的。不过，生活中的一切都是相对的，青春期的具体形态有无数种。它们关乎男孩的社会生活、心理健康，有时也关乎疾病。

　　对于发育迟缓的男孩来说，他们缺失成年人特征的时间越长，他们在青春期这一原本就极难调适的人生阶段中所感受到的压力就可能越大。

什么叫作"青春期延迟"

　　我们先用三个段落来为有需要的读者快速普及一些统计学知识。**平均值**也叫平均数。如果你想知道男性进入青春期的平均年龄，你就可以找一些男性来调查，把每人进入青春期的年龄加总，再除以你调查的人数。当然，如果你读过第3章，你就会知道，大多数男性实际上并不知道他们是在什么时候进入青春期的，这就是研究的困难之处。不过，研究者仍然进行了这样的尝试。他们还调查了目标男性的父母。只是，这个群体对儿子发育情况的了解往往还不及儿子自身，因为在儿子四、五年级之后，绝大多数父母就没再见过自己儿子的裸体。儿科医生等卫生专业人士是最了解情况的人，因为他们能在给男孩查体的过程中看到他们的睾丸何时开始发育。他们告诉研究者，现在男孩进入青春期的平均年龄是9岁（黑人男孩）或10岁（拉丁裔或白人男孩）。亚裔和混血男孩情况不详，等到相关的研究结束，结果很可能会是，他们进入青春期的平均年龄位于这一范围的某处。

除平均值外，我们还需要了解偏离平均值的**标准差**，它反映的是数据的分散程度。如果把收集到的数据绘制成数据分布图，我们通常就能得到一条形似大钟的曲线。如果从大钟的最高处画一条竖线，把大钟一分为二，我们就能直观地得到这些数据的平均值。如果数据非常集中，我们看到的就会是一口又高又瘦的钟。如果数据非常分散，我们看到的就会是一口又矮又胖的钟。又高又瘦的钟意味着标准差小，数据大多集中分布在平均值的附近，也就是说，没有偏离平均值太多。又矮又胖的钟意味着标准差大，数据大多偏离平均值很远。现在，我们用这个分布图来解释男孩的青春期。白人男孩进入青春期的平均年龄（比如说10岁）并没有告诉我们他们开始发育的年龄差异有多大。也就是说，如果仅有平均值，我们就无法知道男孩早发育能早到什么程度，以及他们晚发育能晚到什么程度。假设男孩进入青春期的最小年龄是9岁，最大年龄是11岁，平均年龄是10岁，那么我们将会看到一口又高又瘦的钟。假设男孩进入青春期的最小年龄是3岁，最大年龄是17岁，平均年龄同样是10岁，那么我们将会看到一口完全不同的又矮又胖的钟。换句话说，平均值虽然很重要，但标准差更能反映数据的实际分布情况。顺便提及，上面这两个年龄范围都不是真相——真相在两者之间。

下面是我要介绍的最后一个统计学知识点。在正态分布[①]中，大约68%的数据分布在平均值左右两侧的一个标准差内，95%的数据分布在

---

①正态分布也叫常态分布，自然界、人类社会、心理和教育中的大量现象均按正态形式分布。——译者注

平均值左右两侧的两个标准差内，其余5%的数据则分布在两个标准差外，即钟形曲线的两条"尾巴"处。一半（2.5%）在左端，一半（另外2.5%）在右端。这两个2.5%是最不寻常的情形。这个知识点非常重要，我们在新闻报道和闲谈中听到的各种研究常常涉及它。无论研究者所研究的是体重、智商、鞋码、收入、房价、屏幕时间、幸福感还是寿命，大多数研究的目的都是在平均值的两个标准差内认定某种普遍的情形，或者说常态。在我们的世界里，几乎所有指标都有平均值和标准差。而所有指标也都有一些偏离常态的数据，即异常值（或离群值、逸出值），一般定义为分布曲线最左端和最右端的2.5%。

所以，我们才说100个男孩中有2.5个发育晚。这只是一个统计学上的定义，即，95%的男孩在所谓的"正常"年龄范围内发育，而2.5%的男孩提前发育，另外2.5%的男孩推迟发育。这里有一个问题，如果你读过第3章，那么你应该会记得，对青春期而言，"正常"的定义正在改变，男孩开始发育的平均年龄正在变得越来越小。也就是说，发育晚的男孩应该也比从前提早进入青春期。若非如此，他们对常态的偏离就会更加严重，也就是说，他们进入青春期的年龄相较同龄人会变得更大。到底是哪一种情形呢？遗憾的是，我们缺乏针对男孩的相关研究。于是，在这一章里，我们只能按照过去的方式来定义"青春期延迟"，所以，我在前面才补了句"这只是说法之一"。那么现在，我们就把所有到14岁睾丸还没有开始发育的男孩认定为青春期延迟。也就是说，在身体发育方面，他们至少落后同龄男孩四五年。具体是几年要看他们属于什么人种。但实际上，他们可能会比最早进入青春期的男孩晚发育六七年。当你只有14岁时，六七年是一个巨大的差距！

我们介绍这些统计学的知识只是想说明一个问题，那就是，尽管在发育晚的男孩看来，他可能是个异类，没有人像他一样，但实际情况并非如此。事实上，在美国每年出生的200万个男孩中，跟他一样同属发育晚的男孩大约有5万名。因此，即便这样的处境可能会让孩子感到十分落寞，发育晚也并不罕见，每40个男孩当中就有一个。从医学的角度讲，这个比例一点也不低。它只是没有那么常见而已，特别是对那些发育极晚的男孩来说。

部分男孩（和女孩）没有按时进入青春期的原因非常多，目前最常见的是**体质性发育延迟**，指的是无明显原因、无须医疗干预、到18岁即自行解决的发育延迟。在所有发育晚的男孩中，半数以上最终会得到体质性发育延迟的诊断（有些研究认为这一比例高达75%）。在得到这一诊断的男孩中，又有约三分之二的男孩，他们的父母一方或双方也有体质性发育延迟——要么是妈妈14岁之后才迎来月经初潮，要么是爸爸在16岁之后才开始明显长高。看得出来，体质性发育延迟与遗传关系密切。体质性发育延迟属于排除性诊断，也就是说，其他可能导致发育延迟的因素已经被全部排除。因此，为了确定发育延迟并非由疾病导致，这些男孩都会接受全面而彻底的检查。如果一系列血液和影像检查都显示正常，那么就"没有问题"。（或许在医学上没什么问题，但这些男孩看起来仍然比同龄人小好几岁，这种现象有时甚至会延续到高中毕业之后，这对他们来说"问题很大"。我们稍后会继续探讨这个话题。）

如果发育延迟的原因是疾病，那么这样的情况显然更为糟糕。能够导致发育延迟的疾病有很多种，例如，糖尿病、炎症性肠病、镰状细胞性贫血和囊性纤维化等许多慢性病。另外，营养状况也对人何时进入青春期有巨大影响。因为，如果身体没有储备足够的能量来成熟并完成成熟后所需完成的任务，它就会减缓自身成熟的脚步。对于这一点，我们很容易想到女孩。因为，如果女孩的身体里没有足够的脂肪来支持怀孕，她们就不会有正常的月经。但是，这一原则也适用于营养不良或罹患进食障碍的男孩，甚至适用于一些体脂率极低的精英运动员。虽然男孩无须为怀孕做准备，但他们的身体发育还是会减缓。发育延迟的另一大原因，是性激素的分泌受到干扰，例如，肿瘤和睾丸损伤，以及会干扰身体制造某些相关激素的疾病。所有关于发育延迟的文章几乎都会提到卡尔曼综合征。虽然它能造成激素缺乏和嗅觉减退，但每3万个男孩中只有一人会得这种病，发病率极低。因此，发育延迟最常见的原因其实是没有原因。

青春期延迟所面临的双重打击

在许多发育晚的男孩眼里，事情可能是这样的。大约在四年级或五年级，女孩开始发育（不是所有，但是很多）；接着，也许是在五年级末，有个男孩突然就有了大孩子的样子。班上的其他男生不知是否注意到了女生的发育，但他们几乎肯定会注意到这个突然有些男子气的男生。六、七年级的男孩有高有矮，有胖有瘦。有的嘴唇周围开始长出淡淡的胡须，有的长出腋毛，也有的开始长青春痘。班里最高和最矮的男生可能相差45厘米。所有人，包括父母、医生，甚至男孩们自己，都接受了这种参差多态。因为没有标准，所以也没有异常。但是，到了八年级，当大多数孩子陆续年满14周岁的时候，所有人似乎都突然开始展现青春期的某些特征，只有为数不多并且日渐减少的落后者例外。

这里我要再次强调的是：男孩进入青春期的标志是睾丸发育，不是肌肉隆起、长胡子或鞋码变大。睾丸发育在先，睾酮水平升高在后，接下来才是第二性征的出现，整个过程也是一段不短的时间。假如检查所有八年级男孩的睾丸，我们会发现，绝大多数男孩的睾丸都已经开始发育了。即使是那些看着明显还很幼稚的男孩，他们的睾丸也大多有了发育的迹象。但是，我们做父母的并不会扒他们的裤子去检查（不这样做有充分的理由）。而且，由于睾酮水平的上升可能需要好几年才能通过男孩的外表显现出来，所以，班级里看似尚未进入青春期的14岁男孩所占的比例往往远超2.5%。如果你的儿子也是其中之一，那么在给他定性晚发育之前，请为他预约儿科医生，因为你不知道他的内裤里发生了什么。严格地讲，如果他的睾丸已经长到3立方厘米，他就不算晚发育。（相关测量方法和工具见第3章。）

发育延迟给男孩的双重打击是，不仅脸上稚气满满（没长胡子，没长痘痘，仍旧是可爱的婴儿肥），而且身高几乎都偏矮。原因在于，青春期中有几年是人的"黄金生长期"。在青春期之前，孩子们平均每年长高5厘米。但是，在黄金生长期里，他们的身高会迅速增加。在身高发育明显减速之前，女孩常常能够在两三年的时间里每年长高大约7.5厘米；而男孩可以每年长高10厘米甚至更多，三年就是30厘米。于是，提前进入青春期的男孩很可能会提前迎来生长高峰。所以，在睾酮的作用下，他们不仅看上去更成熟，身高也会更高，因而也更容易让人高估他们的成熟度。

按道理讲，由于青春期中有几年是人的生长高峰，所以，发育晚的男孩在进入青春期前当然会显得比较矮，当他们迎来自己的生长高峰时，他们的身高还会赶上来。事实上，发育晚的孩子甚至会长得更高，因为他们长高的时间持续更久，特别是女孩。在初中阶段，那些发育最早、月经最早到来的女孩通常也是班上最高的。但是，到了高中后期，她们的身高就会处于下风，因为她们那些发育较晚的同学还在一直长个不停。

事实证明，发育晚但长得更高的逻辑不大适用于男孩。当然，有些男孩例外，他们的身高增长虽然先慢后快，但一直都很稳定，直到在青春期后期超越同龄人。但是，在大多数情况下，发育较晚的男孩不仅在青春期的大部分时间里身高较矮，而且成年后也并不比同龄人高，不少人甚至要比同龄人矮。这是为什么呢？因为有相当数量发育晚的男孩在身体拒绝进入青春期的那些年里长得太慢了。在迎来生长高峰前，大多数孩子每年长高约5厘米，但这些男孩每年只能长高2.5厘米甚至不足1.5厘米。也就是说，他们前期挖坑太深，导致最终身高比预期矮4~10厘米。这种情形可以说是"三重打击"，这些发育晚的男孩不仅看上去更稚嫩，长高更晚，而且最后的身高也会落后于人。

20年前，美国宾夕法尼亚州立医学院的小儿内分泌科主任霍华德·库林（Howard Kulin）这样写道："在我的印象中，身体已经有性成熟迹象的患者对身材矮小的承受力非常强……我不是要淡化由身高不足所引发的心理创伤，但青春期的孩子关心的是外界如何参照同龄人来看待他们自身。"库林的思想非常超前，他说得太对了。与发育晚的男孩相比，那些个子虽矮却发育正常的男孩似乎对自己的身高没有那么在意。他们当中的许多人只是不喜欢自己个子矮，有一些抱怨，乃至想解决这个问题，但它毕竟不是什么大麻烦，就算解决不了，他们仍旧可以面对。我还没有见过针对正常发育矮小男孩和晚发育矮小男孩的比较研究，但针对晚发育男孩的研究还是有很多的，他们比正常男孩和早发育男孩更可能出现以下问题：抑郁、自卑、学习成绩差、攻击同伴和叛逆、孤僻，以及在整体上欠成熟，无论在社交还是在设立目标方面。换句话说，在我们的社会中，虽然身材矮小对社交和心理的影响不容小觑，但发育晚所造成的负面影响似乎更为严重。

我们能做些什么

每40个男孩中就会有一个发育延迟，进而遭受那种被命运彻底抛弃的孤独感，我们在感情上很难接受这一点。而医学对此的回应是："别担心，我们已经排除了病理原因，到孩子18岁，问题应该会自行解决。万一出现意外情形，我们到时再处理。"库林的论文已经吹响了行动的号角，不再接受这样的应对方案，因为这么做对孩子的社交生活和心理影响太大。虽然我并不主张对孩子施加过于积极的医疗干预，特别是在问题很可能会自行解决时，但是，谈到发育延迟，我认为我们还是需要同时从医学和心理两方面来考虑问题。要求一个男孩等到18岁时再去确认他的睾丸能否自行开始发育，同时对他身为高中生但怎么看都还是个小不点儿的痛苦视而不见，这是不公平的。有这种想法的人并非只有我，许多儿科医生和儿科内分泌医生（专门研究激素的儿科医生）都这么看。他们不会坐视不管，静等男孩高中毕业。他们一边深入调查研究，一边也避免施加过多的医疗干预，小心地掌握着二者的平衡。

同时，父母也必须跟他们的晚发育男孩站在一起，唯一有效的应对方式就是与男孩们交谈。如果你发现，这本书的每一章似乎都要提到跟孩子交谈，这一点也不并意外。对于几乎所有涉及男孩青春期的问题，我们首先要采取的干预措施就是谈话。对于发育延迟这件事，你可以问问孩子，他对自己的身高是否满意，他的心情如何，或者他如何看待发育晚这种时常能见到的事。有的男孩对这一切毫不在意，他们强烈地相信自己，觉得青春期早晚会来到。这些男孩更加关注当下情形的积极面，还为他们无须面对青春痘和浓重体味等问题而感到宽慰。但是，提到发育缓慢（有时要等第四、第五，甚至第十次提到），大多数晚发育男孩都会显出一副愁苦、难过或忧心忡忡的样子。他们当中的许多人还会像其他同龄男孩那样，变得沉默不语（尚未开始发育的男孩也可以把父母关在门外）。只要父母们主动一些，让他们开口也并不困难。因此，即便孩子尚未进入青春期，我们也要采取行动，打破沉默，开启对话。或者说，面对发育晚的男孩，我们更需要这样做。

需要补充的是，我们的问询可能会产生意料外的副作用。例如，假如我们太过频繁地询问孩子对自己发育状况的感受，结果就很可能在无意中让孩子担心起来，这是非常典型的副作用。那么，我们怎样做才能一边鼓励家中的男孩（特别是发育晚的男孩）谈论他们的感受，一边又不至于意外地激起他们原本并不存在的担忧呢？我们可以像儿科医生叮嘱患儿父母那样，推动我们认为需要推动的，分享我们认为需要分享的，同时随机应变。只要保证大体正确就好，犯错是不可避免的。如果孩子特别焦虑，你自然会改变说话方式，因为你最懂孩子，知道如何跟他谈论敏感话题。不过，就算他反应不大，你在谈话中也要慎之又慎。关于发育延迟的话题很可能会造成冲击。而且，那些最平静的男孩往往会把他们的悲伤或痛苦深藏起来，让我们误认为他们一切正常。

在谈话之外，你还要确认孩子的身体情况。如果他长到14岁还没有显示出进入青春期的迹象，你就要带他去看儿科医生，接受评估。经过一个快速的睾丸检查，很多男孩会发现，他们实际上已经进入了青春期，只是比同龄人略晚了一些，睾酮所引发的生理变化还没有来得及显现。他们会感到如释重负，哪怕他们的担忧从来都没有显露在外。如果睾丸确实尚未开始发育，他们就需要接受医生的评估。请记住，多达四分之三的晚发育者都属于体质性发育延迟，他们的所有检查结果都会是正常的。但是，还有四分之一的发育延迟是由疾病造成的，可能需要接受治疗。

在让孩子接受评估之前，你可以想想怎么跟孩子说这件事，因为有些孩子会害怕医生。你可以像对待其他事情一样对待评估，例如，耳朵疼、皮疹或肚脐眼附近凸起。你还要让他知道，你并不担心，只是想让医生给他彻底检查一遍。如果你想找个理由好让他去接受一年一度的体检，那么青春期是个不错的理由！

由于青春期延迟可能会引发抑郁、攻击和孤僻等一长串问题，所以，社会和情感支持对孩子的意义十分重大。心理治疗师、学校辅导员等值得信赖的成年人能够为孩子提供非常宝贵的支持。倘若你能为孩子找到曾经发育延迟的人来充当孩子的知心大朋友，那就再好不过了。

我们再来谈谈药物治疗。儿科医生和儿科内分泌医生有资质给孩子开睾酮等雄激素来尝试强行启动他的青春期。但是，用药物治疗发育迟缓有利有弊。虽然接受药物治疗的男孩可能会开始显现性成熟的特征，开始快速长高，因此反馈心情好转，社交改善，整体健康程度提升，但所有药物都有副作用。一些研究表明，药物治疗会降低患儿成年后的身高。另一些研究总结了药物治疗的副作用，例如，过敏反应、血栓和过度的激素效应（例如，毛发增生、脱发、乳房组织肿胀或严重的痤疮，就像孩子的身体里住着个不安分的鬼怪）。另一个问题是，激素治疗可能会完全无效，特别是对满14岁的男孩来说。这个时间门槛非常尴尬，因为对男孩青春期延迟的认定也是从14岁开始的。不过，我们对激素治疗的认识还不够充分，许多研究者仍旧在评估不同的激素治疗方案。至少就目前而言，对晚发育男孩的治疗仍然面临两难选择：一方面，用药要十分谨慎，不到万不得已不使用；但另一方面，如果你只是观察和等待，用药则可能会太迟，以致无法获得任何疗效。

青春期延迟无论对男孩还是女孩来说都是一道坎，但是，由于女孩通常比男孩发育早，所以就算是发育晚的女孩通常也不会成为最后开始发育的那一个。最晚的几乎总是男孩。由于越来越多的研究只从整体的角度看待青春期，我希望研究者们不只关注青春期为什么会提早，因为2.5%的晚发育情形也需要得到解释。

如果你的儿子发育晚，你们就要一起把这件事情搞清楚。经过一系列检查后，四分之三晚发育的孩子都会得到健康状况良好的认定。如果你的孩子属于这种情况，你可能会大舒一口气，可你的孩子或许仍旧看不到身体发育的曙光。这时，你需要理解和尊重他的这一感受。跟他谈谈，提醒他可以找谁来帮帮自己，例如，咨询师、家庭教师，甚至哥哥或姐姐，以此来维护他的自我信念。你还需要帮他平复懊丧或自卑感，管理情绪的能力对他的未来意义重大。你还需要儿科医生或儿科内分泌医生来帮你权衡治疗的利弊。如果孩子能够接受眼下的情形，那么很好；如果他接受不了，那也完全能够理解。

发育晚的孩子必定是存在的，我在前面介绍过，从统计学的角度看，每40个孩子中就有一个处于钟形曲线的末端。我们的社会已经能够用平常心来看待女孩的提早发育，一旦人们发现男孩的青春期也已经提前，那么多半也能淡然处之。在这一章里，我们讲的是如何接纳男孩青春期的延迟，破除不必要的担忧。

在身体发育方面，孩子们的个体差异十分巨大。但是，在大脑发育方面，不同孩子的步调基本一致。而且，大脑的发育比我们所想象的慢得多。

如何与男孩谈论青春期延迟

1.问问他的感受。如果你的儿子发育晚或者身材矮小，那么他很可能会非常在意这件事。有些父母担心，谈论这一话题可能会让孩子感到焦虑。但大多数男孩告诉我，当父母问他们下面的这些问题时，他们都松了一口气。例如，我发现你们班的一些同学最近长高了很多……你想说说这事吗？或者，天哪，那天我把你的朋友们从训练场送回家的时候，车里有一股浓重的体味！等你也有了体味的时候，你想不想第一时间知道？

2.要是他觉得无所谓，你也没什么好担心的！有些男孩确实不介意自己发育晚。他们或许喜欢慢慢长大，或许因此得到了关注。无论怎样，假如发育晚这件事不影响孩子，那么也就不应该影响你，你就当作没有这回事。话说回来，如果孩子到了14岁还不发育，不管他是否在意这件事，你都要去咨询儿科医生。

3.不要过度承诺。这一点非常重要，因为男孩（包括女孩）很想知道他们能否赶上同龄人，或者至少不落后太多。虽然最终的结果通常都是这样，但这一过程有时会非常漫长。而且，我们无法保证孩子到了什么年龄就能见到什么，更不用说达到某一具体身高了。因此，如果他问他的身体什么时候会开始发育，最诚实也最有力的回答是"我不知道"。随后，尝试引导他进入谈话。例如，你想说说你比你的许多朋友发育晚的感觉吗？我猜你可能会感到……

第5章

身体长大了，想法却没长大

　　我的孩子们刚上小学时，我定了一条规矩——他们只能为五个人开门，分别是他们的三位（外）祖父母、他们的父亲和我。只有这五个人。顺便提及，这五个人也都有房子的钥匙。

　　哪怕按门铃的是他们从出生起就认识的人，那也不行。为了防范陌生人带来的危险，我们的规则就是这样，只要不是这五个人，都不能开门，否则就让在家里陪伴他们的其他大人来决定。有了这条黑白分明的规定，我的孩子们就不会随意给人开门了，不管这样做的诱惑有多大。

　　这条规则不仅十分明确，我还把它反复告知孩子们，每隔几周就强调一遍。我经常在办公室里对父母们说，这就是养育子女的有效做法。首先设定规则，然后反复强调。有一天下午，我对孩子们也是这么做的。当时，家里只有我们三个人。我把那条怕是已经重复过一千遍的规则再次强调了一遍，再用眼神跟他们确认，还问了句："记住了吗？"

　　"记住了！"他们齐声回答。随即，我离开客厅去浴室洗澡。

　　在浴室里，我隐约听到门铃在响，于是赶紧穿了一些衣服，冲到门口。我发现，一个亚马逊送货员正站在门里。

　　什么？！我看着我的孩子们，他们也在门口站着，身旁就是那个完全陌生的人。他们原本在笑，当他们看到我脸上的表情时，他们的笑容就消失了。

"你们在想什么？"我问他们（其实我是冲他们大喊）。我完全被搞蒙了，"你们知道你们做错了什么吗？！"

我的儿子当时只有6岁，他看着我，随即露出了一副像是明白了什么的表情。

"哦，妈妈，"他说，"对不起。你总是告诉我们要有礼貌，我们却没有介绍自己！"随即，他伸出手来，礼貌地把自己介绍给了那个穿着亚马逊制服的人。很明显，他会错了意。

停了好一会儿。

送货员说："你真的应该告诉你的孩子们，不要给陌生人开门。"

我的孩子们这是怎么了？

那是几年前的事了。今天，我的孩子们在开门这件事上已经有了更多的自由，可以给五个人之外的其他熟人开门了，也早已熟知不要给陌生人开门。另外，我们家门外也装了院门，院门上还装了门禁，接在了家里的电话线上。外面的人按门禁，座机就会响。就在前些天，我和现在已经十几岁的女儿正在厨房里。门铃响了，她拿起了电话听筒。

"喂？"她一边说，一边用那种只有十几岁女孩才有的寻求肯定的表情看着我。我听不清那头的话音，但几秒钟后，我看着她"嘟"地一声按下了开门键。

"谁来了？"我问，同时看到一个完全陌生的人向家门走来。

"我不知道，"她耸了耸肩，"我听不懂他在说什么，所以就让他进来了。"

怎么会这样？！

如果你曾经被孩子的聪明才智所折服，却又看到他做了一些没头脑的、冲动的、危险的或者直白地说，很蠢的事，以至于你无法相信眼前是同一个人，那么请放心，这种感觉并非你所独有，我也有。一再给陌生人开门，这只是众多蠢事当中的一件。

实际上，我见过的所有父母都曾惊讶于他们的孩子怎么可以既聪明又愚钝。答案是，这与大脑的成熟度有关。大脑的发育与青春期并没有直接的联系，但我们仍旧有必要把它们放在一起讨论。这是因为，当我们的孩子开始有了些成年人的模样时，这个世界似乎也期待他们能够拥有成年人的思维方式，可他们的大脑无法像成年人那样持续做出成熟的决定。虽然随着时间的推移，孩子们的决策能力会逐步提高，可他们的大脑在结构上仍旧不足以使他们看清自身行为的长期后果，特别是在面对短期快乐的诱惑时。于是，子女不足30岁的父母或多或少都会在某些时候遭遇孩子的错误决策。我们都不例外。

我们的孩子如何思考（或者为什么他们不思考），只是大脑发育在功能上的表现，这一章要讨论的就是大脑发育。孩子的性别能够以多种方式影响他们的决策方式，这本书下篇的主题就是男孩大脑的决策方式。不过，在接下来的内容里，我们要讨论的是男孩和女孩共同的心理成熟过程。了解大脑的发育和变化，能够极大地帮助我们养育青春期孩子。

青少年大脑发育概述

我们都认为，幼儿做起事来不顾后果。可一旦我们把孩子送进幼儿园，他们似乎就突然长大了。孩子上高中后也是一样，我们会理所当然地认为，他们此后就能做出成熟的决定了。然而，事实并非如此，他们做不到。

现实情况是，身体和大脑的发育时间表完全不同。虽然身体和大脑存在某种相互作用（例如，青春期的几大代表激素会进入大脑，有时能极大地影响大脑的信息组织方式），但大脑的发育（结构改变和效率提升）几乎完全不依赖身体的发育。而且，大脑的发育还要比身体的发育长久很多。换句话说，即便我们的孩子看起来已经长大了，可他们的心智还远未成熟。

大脑的发育有两个方面，一是生长与收缩，二是髓鞘形成。我们将深入探讨这两个问题。不过在此之前，我们先对它们做一些概要的介绍：

1.**生长与收缩**。在童年阶段，大脑会生长，收缩，再生长，之后几乎就是收缩了。但收缩不一定是坏事。实际上，收缩很关键。因为，有些收缩具有特异性，是磨炼技能的基础，而这些技能会使我们在某些方面成为专家。

2.**髓鞘形成**。与绝缘的电线相比，裸露的电线发送信号要缓慢很多。这一现象不只存在于生活中，在大脑中也是如此。所以，髓鞘的形成（在神经细胞周围慢慢形成一层绝缘层）能让大脑更高效地工作。由于并非所有脑区的神经细胞都有髓鞘包裹，所以，大脑的某些区域（例如与享乐、冲动和感官刺激有关的区域）比另一些区域（例如与思考、远见和预判有关的区域）更高效。

现在，我们来逐一深入讨论，首先是"生长与收缩"。

不使用则淘汰

人类婴儿出生时，大脑内有大量神经细胞，数量在1000亿个左右。仔细想想，这意味着子宫里的胎儿平均每分钟会长出25万个神经细胞。令人吃惊的是，在幼儿时期，新的神经细胞还在继续生成。只是，随着时间的推移，神经细胞的增殖会逐渐减慢，直到9岁前后，许多脑区的神经细胞再次加速增殖。12岁以后，大脑的个别小块区域仍然能够产生新的神经细胞并增厚，但总体来说，神经细胞的总数开始逐年减少。大脑能在婴儿期生长，还能在8岁或9岁左右再次加速生长，这一知识相对较新，当时我正在医学院读书。过去，所有人都认为，人出生时就拥有了一生所能拥有的全部神经细胞。顺便说一句，我在医学院学到的许多常识都随着时间的推移而被推翻和抛弃了。

为什么神经细胞的数量很重要？因为神经细胞是大脑的基本功能单元，它们相互连接（一个神经细胞可与其他多达1万个神经细胞连接！），使人生成想法、动作和情感等一切人类现象。婴幼儿有超强的学习能力。随后，他们学东西的速度会稍稍放缓，不过仍旧十分惊人。有一天，你家的三、四年级孩子会在眨眼间学会某种棋盘游戏、某种运动或某件乐器，学习能力堪比婴儿时期。这是因为他的大脑里增殖了更多的神经细胞吗？也许是，但这最多也只是一部分原因。

这是因为，在大脑长大的过程中，甚至在大脑停止长大后，它也会主动去除那些没有被我们用到的神经细胞。这一进程会从我们出生起一直持续到生命结束。这就是我们称之为"不使用则淘汰"的现象。即，如果一个神经细胞没有得到利用，浪费了脑袋里已经非常拥挤的宝贵空间，那么它就需要离开。这个细胞的死亡根本不是一件坏事，这样我们才能把能量和资源集中投放到执行特定"任务"的神经细胞上。换句话说，失去多余的神经细胞反而能帮助我们掌握技能。

同时，大脑还努力精简神经细胞之间的连接，把没有被我们用到的连接修剪掉。因为，每个神经细胞都能与成百上千甚至成千上万个神经细胞连接，限制神经网络的连接规模对它们的功能分化十分重要。在医学上，这个过程叫作突触修剪。"突触"是两个神经末梢之间的微小缝隙，而"修剪"指把过度生长的部分清除，就像我们修剪树木一样。（现在，你就可以当着朋友们的面这样说："我儿子的……水平突飞猛进……肯定是在突触修剪！"）

大脑的生长和收缩对我们养育青春期的孩子有什么启示呢？简单地说，它告诉我们，学会任何东西都需要时间，无论它是一种语言、一种运动技能，还是社交、遵守规则。在许多年里，大脑会发生实实在在的变化，把常走的路硬化，同时任凭不使用的路消失。因此，你的孩子可能会一时学会些什么，但他还需要很久才能把知识烙印在大脑里。所以，有些事你可能需要说上一千遍，孩子才能真正记住。

髓鞘是加速器

现在，我们来谈髓鞘形成。髓鞘由包裹在神经细胞外部的脂肪细胞组成。没有髓鞘的神经细胞看上去是灰色的，而有髓鞘的、被脂肪细胞包裹了的神经细胞是白色的。有髓鞘的神经细胞好似你的手机充电线，里面的电线是神经细胞的长臂，而外围的塑料绝缘层是髓鞘。髓鞘非常重要，因为没有髓鞘的神经细胞（就像裸露的电线）传输电信号的速度非常缓慢，一旦包裹了髓鞘，它们传输电信号的速度就会明显加快。在大脑中，二者相差3000倍。记住，能够高速传输信息的大脑是"成熟的"大脑，而因为髓鞘能让信息传输大大提速，所以它就成了衡量成熟的理想标志物。

大脑给神经细胞包裹髓鞘的过程十分缓慢，同时遵循特定的顺序。这一变化是渐进的、连续的，与青春期内的身体发育完全不同。脖子以下的身体成熟较快，通常只需五六年，而且没有特定的顺序。体毛、嗓音变粗、痤疮、体味……都能在7~11岁之间随时出现。而在大脑里，髓鞘像暖腿套一样，只能将神经细胞一段一段地逐步包裹。这项涉及亿万神经细胞的大工程早在孩子出生前就已经开工，并将持续数十年之久。

科学家们早就知道，髓鞘需要花费很长时间来包裹大脑中的神经细胞。可是，他们低估了这一过程到底有多慢。过去，人们普遍认为，孩子到高中毕业时，大脑就完全成熟了。那时候，研究者还无法借助复杂的影像设备来观察大脑内部。从20世纪90年代起，科学家们开始使用核磁共振成像扫描仪来拍摄大脑的高分辨率图像，了解髓鞘分布，以及更新髓鞘形成的时间表。由于核磁共振成像是没有放射性的，所以，研究者可以借助它来拍摄健康人群的大脑图像。这一点至关重要。因为，医生和科学家使用放射线透视等对人体有一定危害的成像技术来研究病患是一回事（检查的危害能够被查明病因的收益所抵消，所以这么做划得来），利用风险很小的技术来了解正常人体则完全是另一回事。收集疾病的相关信息对医学发展非常重要，但了解健康人群的发育过程也同样重要。

特别是，一位名叫杰伊·吉德（Jay Giedd）的研究者对一组孩子进行了长达25年的追踪研究，为超过3500个孩子拍摄了大脑图像。他预计，他对髓鞘的研究能够在这些孩子接近20岁时完成。但是，图像告诉他，大脑的发育还在继续。于是，他不得不让这些孩子年复一年地接受拍摄，直到他们接近30岁，他们的大脑才完全发育成熟。

吉德和同伴用调成彩虹色的计算机脑成像图显示髓鞘在大脑中的分布，以此来判断大脑的成熟程度。他们发现，髓鞘的生长方向是由下向上、由里向外的。大脑最先成熟的区域是大脑底部靠近脖子的地方，以及大脑的中心，即控制最基本的身体功能的区域，如呼吸、进食和一般身体活动。早在孕期第6～9月，这些脑区就出现了髓鞘。从出生到3岁前，髓鞘开始向上、向外生长，到达语言和感觉中心。于是，孩子的视力、听力、语言能力和运动协调性都会得到提升。这些知识，我们很久以前就知道了。吉德的新发现是在青春期后期。

到了青少年时期，髓鞘已经完全占据了大脑的中心区域。这里是人的情绪中心，称作边缘系统。这里有许多你或许听说过的大脑部位，例如，杏仁核、海马体、上丘脑和下丘脑。边缘系统掌管着人的情绪、行为、动机和记忆，与人的冒险与奖赏系统有关，能让人在寻求新奇的过程中获得情绪或身体上的兴奋。孩子上初中时，他的边缘系统几近完全成熟，其中的神经细胞已经彻底绝缘，因而能够快速发送和接收信号。这个年龄段的孩子能够形成足以保留一生的记忆，能够被身边的人和听到的事所激励。他们激情满满，他们发明新玩法，制定新策略，他们也非常容易冲动和情绪化。这些特征都要追溯至边缘系统。

你知道在初中阶段，孩子的大脑哪里没有髓鞘吗？那就是大脑最外面的部分，即额头下面的额叶。髓鞘还没有生长到这里。事实上，这里是大脑最晚成熟的区域之一，特别是额叶的顶端，即前额皮层。

前额皮层是人权衡不同行动所对应的后果的脑区，它能帮助人做出明智的、深思熟虑的、目光长远的决策，而非选择及时行乐。这里掌管着人的洞察力和同情心，能让我们控制冲动，避免冒险行为。前额皮层对边缘系统有制约和平衡作用，因此得名"大脑首席执行官"。吉德通过研究发现，前额皮层髓鞘的完全发育至少落后边缘系统10年，而且通常比10年晚得多。

我绝对不是说，初中孩子大脑中的前额皮层完全不发挥作用。前额皮层是存在的，里面充满了能够相互传递信号的神经细胞。而且，我们已经在孩子们身上看到，他们完全有能力设想不同的情形，权衡后果，谨慎行事。但是，前额皮层的髓鞘还没有发育完全，而边缘系统的髓鞘已经完备。这意味着，如果同时向边缘系统和前额皮层各发出一个信息，那么在青少年的大脑中，信息到达边缘系统的速度将会快很多，两者相差3000倍。前额皮层的反应总是跟不上边缘系统。于是，我们的孩子常常就会做出情绪化的或冲动的决定（例如，听到有人按门铃就去开门），而不考虑这样做的后果（例如，我不认识他，我不知道他要做什么）。边缘系统总能快半拍，这就是髓鞘的作用。

此外，许多研究都表明，有朋友陪伴时，孩子们的边缘系统会变得更加活跃，好像处于高度警戒状态。不管这些朋友在身边还是在网络上，结果都是如此。这意味着，不间断运行的社交媒体对边缘系统的影响非常巨大。过去，同龄人的压力仅限于我们跟朋友在一起或者相互打电话的时候，但是，今天，这种压力持续存在。事实证明，给孩子一些时间在成人的陪伴下（或者至少没有别的孩子在身边）思考某项决策，能让他开动有朋友们在身边时无法开动的前额皮层。于是，我们就能明白，为什么十几岁的孩子能在饭桌上真诚地向父母许诺不在聚会上喝酒，可两个小时后，在一群伙伴的簇拥下，他却可能会喝下一两瓶甚至五瓶啤酒。

相比之下，成年人大脑内的髓鞘已经发育完毕，也就是说，信息能同样快速地到达前额皮层和边缘系统。于是，这两个区域就能展开辩论，相互牵制。要作弊吗？要学习吗？要超速吗？戴上头盔吗？答应吗？拒绝吗？一旦大脑发育成熟，信号几乎就能在同一时间到达所有脑区，使大脑的审查和平衡系统得以启动，进而帮助人做出"成熟"的决定。当然，许多外部因素也可以造成干扰，例如，酒精、毒品、药物、睡眠不足和脑部疾病。不过，只要大脑是健康、清醒和成熟的，前额皮层这位首席执行官就能与边缘系统据理力争，并且往往能够说服后者。

吉德等人已经证明，前额皮层直到20多岁甚至接近30岁才完全发育成熟（有人甚至认为是30岁出头）。但与此同时，人的情绪中心早在青少年时期就已经完全成熟，它主宰了孩子们的大脑。成年人的这两大脑区能相互制约，而青少年和二十几岁的人不能。

前额皮层比边缘系统成熟晚并不完全是坏事。许多进化生物学家和社会学家认为，由边缘系统统治的大脑能给人带来巨大的益处。青少年愿意并且能够承担许多成年人无法承担的风险。我指的不是那种明显会带来危险的愚勇，而是愿意尝试新事物，做出探索、发明和发现。而且，青少年时期的大脑正在成长发育，修剪突触。难怪孩子们的大脑不仅渴望新知，同时还能学得更多更快。我们的孩子求知欲望强烈，有能力记住新的知识，有能力挑战极限，因为他们的大脑非常灵活，吸收力强。只要想想今天那些著名科技公司的创始人，那些仍旧依从边缘系统的20多岁的年轻人，你就能知道，这两点的结合如何深刻地影响了人类的生活。

但是，只要孩子们不把髓鞘分布不均用到正事上，或者，就算已经用到了正事上，我们这些做父母的也还是会担心他们寻求刺激，及时行乐，闹出不可收拾的乱子来。可是，他们的脑袋就长成这个样子，也只能用这样的方式来思考（实际上，他们不思考）。我们确实该为这事担一些心，特别是在当下的世界里。他们也该来关注这件事。理解了髓鞘形成对于大脑成熟的意义，我们就能理解，明明很聪明的孩子为什么也会做出愚蠢的决定。这样一来，我们就可以采取一些措施来尽可能地降低风险，同时最大限度地发挥这种脑部构造的优势了。

知识就是力量

是的，大脑的发育是沿着一条精心编排的路线进行的，跟长痘痘、乳房发育和睾丸生长完全没有关系。不过，激发孩子表现出成人特征的激素确实也进入了大脑，改变了神经细胞（不管它们有没有髓鞘）所处的环境。激素对大脑的影响是确定无疑的，它们能让孩子的身心发生改变。但是，这种改变远远不止于雌激素让人情绪化，或者睾酮让人好斗那么简单，这两点似乎都没错，但也并非在所有时间适用于所有人。

不同激素之间可以通过特定的机制来互相影响。一种激素浓度上升会触发另一种激素浓度上升或下降，这取决于它们之间是正反馈还是负反馈。我们在第2章里介绍过，青春期是从大脑开始启动的。下丘脑和脑垂体首先释放一系列前驱激素，打开青春期的大门。因此，虽然我说青春期和大脑发育完全无关，但事实是，它们只是依据两份既不相同又有所重叠的时间表发育，对彼此确实有影响。

说到时间表，我们就必须提到，孩子们进入青春期的年龄正在变得越来越小。也就是说，孩子们表现出成年人特征的年龄正在变得越来越小。9~11岁的孩子过去看上去像孩子，但现在已经不完全像孩子了，但也不是成年人……他们处于两者之间，是青少年。他们的身体发育或许提早了，但大脑发育并没有加快了。我们也没有证据表明突触修剪或髓鞘形成的速度加快。事实上，科学家们已经发现了相反的情形——大脑的成熟比任何人所想象的都要慢，即使在身体发育提早的情况下也是如此。哪怕孩子长到看起来完全像成年人，并且可以做成年人的事情（例如开车或投票）时，他们的大脑还需要10年才能完全成熟。

认识身体发育和大脑发育速度的截然不同能帮助父母和孩子理解，为什么青春期的孩子有时会做出非常明智的决定，却又并非总是如此，以及，为什么人们经常认为他们应该做出明智的决定（因为他们看起来像大人，或者至少已经开始像大人了），可他们无法像成年人那样思考。

应对髓鞘形成不完全，"暂停"是非常有效的做法。信号到达边缘系统的速度虽然更快，但只要稍等片刻，信号就可以到达代理理性的前额皮层了。说真的，如果人类能在冲动行事前从一数到十，那么这个世界的面貌将会大为不同。总之，了解背后的原因既能帮助孩子们规避错误决策，弥补生理构造上的弱点，也能让父母们避免把孩子置于他们还不足以应对的情境。同时，好奇心、创新、激情等边缘系统的好处仍然能够时刻为孩子所用。

我非常提倡让孩子们了解大脑发育和髓鞘形成的过程。如果这些知识对身为父母的我们有帮助，那么我们可以想象一下，如若孩子能够理解自身行为背后的原因，结果会有多么不同。如果你觉得自己讲不了这个话题，那么可以让你的孩子来阅读这一章。不断有孩子告诉我，了解背后的生物学知识对他们做决定帮助很大。

对孩子们（和他们的父母）来说，理解青春期的代表激素的作用和影响，不让它们背黑锅，也是非常有帮助的。激素在整个身体里循环，所以会影响大脑，知道这一点是好事。但我们也要分辨这些化学物质带给我们的感受，青春期如此，之后也依然如此，那样会更好。这样一来，我们就能预知和管理这些感受了。

我们要尽力避免把孩子置于他们无法应对的情形。如果这种情形即将发生，我们要表示拒绝。如果孩子要跟一个问题少年出去玩，或是想去参加一个没有成人在场的聚会，或者甚至想每晚带手机进房间，而你知道他无法抵制诱惑，只会无休止地玩手机……那么你就要拒绝。他会说出一千种理由来让你放心，但说这话的只是他的前额皮层。到了外面，或者只是在紧闭的卧室门背后，他的同龄人就会让他的边缘系统走上前台。为什么要让孩子处于那些容易让他们的大脑做出不理智选择的情境之中呢？很多时候，孩子也会发现自己身陷麻烦之中。那么，就让我们来帮助他们做出决定，远离那些预见得到的麻烦。那些麻烦也无法让前额皮层加速成熟。

孩子们的糟糕决策与大脑发育不完全有关。只要边缘系统占据主导地位，青少年的大脑就无法做出最明智的决定。所以，他们的决策常常取决于他们在哪里或者跟谁交流。这一切都源自他们正处于的突触修剪和髓鞘形成阶段。

如何与男孩谈论大脑发育

1.解释做决定背后的生物学机制。这么做能帮助孩子们理解，我们对待他们的方式与他们做出明智决定的能力有关。这并不是说我们不信任他们（尽管有时候确实如此），我们只是不信任他们的大脑会做出正确的事，而且我们有充分的理由！因此，你可以给孩子讲讲大脑的成熟过程，跟孩子一起阅读这一章，或者上网找个能把这个问题讲清楚的视频。对于喜欢看视频的大孩子，我一直推荐汉克·格林（Hank Green）的《科学秀》（*SciShow*）。

2.**教孩子养成"暂停"的习惯，让信息有时间传到前额皮层。**告诉孩子，在做稍有些复杂的决策时，先停下来想一想。要怎么做呢？从1数到10，或者慢慢地做几次深呼吸。如果时间允许，也可以多花些时间休息片刻，去散步、打篮球、写日记……只要有助于理清思路就好。这一条很重要，能让信号在大脑中分布得更加均匀。

3.**先夸夸孩子。**为什么最成功的老板和老师都喜欢用夸奖来开启一段艰难的谈话呢？这是有原因的，这么做能让批评更容易被对方所接受。因此，如果你的孩子经常做错误的决定，而你想跟他聊聊这件事，那就不要一张口就是难听的话。你可以试着先给他一点关爱。告诉他，他在数学考试中取得了优异的成绩，你为此感到非常骄傲。然后，你再提他花了三个小时玩游戏的事，以及他房间里的食物残渣和脏袜子。或者，你也可以先感谢他洗碗，再提醒他打扫房间。这么做很灵验。假如他做了非常恶劣的事情，你或许会很难夸得出口，这时不夸也罢！

下 篇

外在影响

第6章

男孩与"那通谈话"

21世纪的全新教育方式

以体毛、体味和喜怒无常（女孩子还会发育出曲线）为标志的青春期看似绵绵无期，但青春期的终点——具备生育能力，就在并不遥远的前方，也许你家的男孩已经走到了这一步。尽管青春期在很长一段时间里都不涉及性，但是到了某一时刻，所有孩子都会感受到性的冲动（激发这种感受的仍旧是那些让他们的身体产生变化的激素）。因此大致说来，虽然每个孩子开启青春期的方式不一样，表现千差万别，但就青春期的本质而言，所有孩子的身体发育最终都会指向一处，那就是与别人的身体产生交集。也就是说，如果我们想要了解这个生命阶段的全部内容，性就是一个绕不开的话题。

但是，性爱毕竟只是青春期的终点。我们的孩子需要在通往这一终点的路途中学习大量知识，例如，自我保健常识，以及对夸大功效的洗护用品的正确认知。孩子们需要了解的内容实在太多，以至于父母们对这件事产生了截然不同的看法。许多父母认为，他们的孩子能在学校的健康课上学到大量知识，或者至少也能从日常生活中学到很多，但大多数父母还是决定撸起袖子亲力亲为。

成为儿科医生以来，我经常问青少年，他们是否与父母谈论过与青春期或性有关的任何事情。我这么做主要是因为，父母和孩子对这一问题的回答截然相反。不管是男孩还是女孩，他们的回答总是"没谈过"。他们获取知识的途径是音乐、媒体或身边的朋友。来自这些途径的知识更加扣人心弦，因为它们不是父母讲的。只有在极个别情况下，我才能听到相反的回答。我在这里特别用了一个"极"字，尤其是在涉及关于性的知识的时候。

当我单独问父母是否谈过这类话题时，他们几乎异口同声地回答："当然！"而且，不用我追问，许多父母就会开始详细讲述，他们是如何巧妙地（有时也是绞尽脑汁地）进行"那通谈话"的。这种情况太过常见，我很快就发现，在谈论关于青春期的话题方面，大多数父母和孩子之间存在极为严重的脱节。特别是在涉及性的话题上，孩子们听不懂父母的话是常态。但是，跟孩子谈论性或许是亲子间最为重要的谈话，这是一件大事。

我的天！

这一脱节让我们陷入了十分尴尬的境地。从整个社会的层面讲，我们已经习惯谈论名人、政治人物和陌生人的私密生活。但是，到了防止我们自己的孩子在自我保健和性爱方面走弯路时，画风就完全变了。谈论家庭以外的人，特别是他们的性生活，感觉上并没有什么错（而且还很有意思！），但是，对于我们自己屋檐下的事，许多父母要么想尽办法当鸵鸟，要么硬着头皮草草了事。

遗憾的是，在这种双重标准下，孩子就倒霉了。

我们将在这一章里讨论，在通往性爱的道路上，孩子们需要知道些什么，他们现在是如何了解这些信息的，以及还有哪些获取信息的方式。当下的世界已经与过去完全不同，信息铺天盖地。虽然这一点很明显（因为有互联网嘛），但你仍旧可能会为这一事实而感到震惊——孩子们了解性知识的渠道已经不是学校里的同学或开展性教育的老师，甚至也不是成人图书或杂志，而是互联网！孩子刚出生时，你头疼的事情只是换尿布和处理他们的哭闹。现在，你面临的形势复杂得多。

如果我们不睁大眼睛看清楚，孩子所处的资讯环境在过去几十年里已经发生了巨大的改变，我们就无法确保他们的安全和健康，特别是在健康教育和性教育方面。不过，眼下的形势也并不见得有多坏。虽然很多人都在为此而烦恼，虽然你不想让孩子看到的不雅内容（又叫色情内容，这是一个大到足以独立成章的话题）铺天盖地，但教育类内容也极大丰富，其中不乏趣味盎然者，有需要即可随时取用。所以，这方面的教育已经不完全是你和中学健康教育老师的事了。现在，我们就来聊聊青春期的性，以及应当何时谈，怎么谈，邀请谁来一起谈。

孩子们需要知道些什么，应该由谁来教？

一些父母很愿意跟孩子谈论关于生理变化和性的话题，但还有不少父母完全不知道该如何应对，特别是当谈话对象是男孩时。不仅如此，人类对眼见为实的信仰进一步阻碍了父母与男孩谈论这类话题。因为，女性在青春期的变化非常明显，比如，乳房发育，身体开始展现出曲线美，以及其他典型变化。多数父母一看便知："这是激素在起作用！一定是青春期到了。也许我们得聊聊这事。还有，天哪，我的女儿已经在吸引别人的目光了！嗯，这事也得聊聊。"

与此同时，同龄男孩的青春期来得不动声色。正如我在第3章里介绍过的，这就是父母们常常不知道男孩子已经进入青春期的原因。他们只是看起来长高了些（有时候甚至连这个也不明显——有时候他们只是看起来像字母L，腿像小狗一样，双腿还未拉长），以及有了一点点体味（但并不妨碍我们去抱他们，所以我们一般不会在意）。男孩子的青春期一点也不明显，于是我们可以假装此刻无须跟他们聊那些事……他们的大脑还不成熟，很可能听不懂……等他们长大了再说，他们的样子和行事方式还都是小孩子呢。

男孩的青春期来得静悄悄，于是我们与他们的谈话也容易耽搁下来。等到发现这一点时，许多父母已经晚了一大步。一些父母甚至来不及了解最基本的信息，例如，孩子的身体到底发生了什么变化以及这背后的成因，就突然被推到了性这一重要话题的面前。性是青春期的顶点和王冠，也是"性教育"一词热度不减的原因，但性也并非孩子所需了解的全部，远远不是。那么，他们需要了解些什么？应当在何时了解？又应由谁来为他们讲解呢？

说到底，他们需要了解所有的一切，从青春期的生理变化到这些变化对情绪和生育能力的影响。这一需求迫使大多数学校承担起了健康教育和性教育的重任，这是因为，原本应当传授这些知识的父母、监护人等看护者大多没有这样做。回头看去，他们要么担心教给孩子不好的东西，要么害怕承受其中的尴尬。还有一些父母的成长经历告诉他们，谈论这些话题是可耻的。因此，这件事就交给了学校来完成。根据孩子的居住地和就读学校类型的不同，课程可能涵盖从激素水平改变直至性交的任意主题，教学方式也不统一。

例如，学校对"性"的定义大不相同。一些学校把性看作"性别"，或任何因生育功能不同而作的分类。另一些学校，实际上是大多数学校，则把性视作两人（或更多人）之间在身体上的亲密，其形式多种多样，可能包括与生育相关的性交，也可能不包括。虽然亲吻不是性爱，但非自愿的亲吻是性骚扰，所以，今天的教师们更倾向于宽泛地看待性——通常也不会太宽泛。有的课堂既不涉及性欲或性取向意义的性爱，也不涉及语言和图像形式的性爱，如性爱电话或性爱短信，哪怕它们同样可能激发高度的性兴奋。大致说来，学校的性教育课往往关注的是性爱行为，而非性别认同，是肉体真实接触的性，而非照片或视频里的性。明确词义非常重要，因为，在跟孩子谈论关于性的话题时，我们都不想说了半天才发现，他们以为我们在讲性别认同，可我们其实在谈性行为。沟通不畅的情形时有发生，比我们想象的更为常见。

正如"性教育"中的"性"可以指代许多不同的事情，"性教育"中的"教育"也有多种含义。关于学校可以或不可以教什么内容的规定因州而异（与历史、数学等争议较少的科目一样，性教育在具体学年也有具体要求），也就是说，加州课堂上讲授的内容可能与密西西比州课堂上讲授的内容完全不同，即便两地听课的学生们源自激素激增的生理变化毫无二致。[①]所以，学校能讲到什么程度，课程面对多大的孩子，这些都要依你所在的州而定。此外你还要注意，一些州制定的标准只适用于公立学校。也就是说，如果你的孩子在私立或教会学校就读，那么课堂上讲什么就不得而知了。

从理论上讲，健康教育和性教育的内容可能会十分庞杂。这一点或许能够解释，为什么许多学校只从其经典定义理解"性"（性爱行为，而非性别认同），并将性教育等同于异性性交教育。若是理解得宽泛了，许多学校（甚至许多父母）都会觉得力不从心。但是，这种狭窄的定义虽然讲起来容易，却远远无法满足孩子们的需要。要想让他们得到充分的教育，学校所教授的知识就要远远超出性交的范畴，可学校又无法承担这样的性教育，或者坦率地说，父母们都想要的青少年风险行为教育。

总的来说，教育者们并非不了解孩子们对信息的渴望，特别是在当下，不仅孩子们的身体发育越来越早，广泛接触信息的年龄越来越小，所接触的信息量也越来越大。他们也明白，信息是先入为主的，

---

①虽然许多教育机构已经把"健康"课提前至幼儿园或一年级，但这些课程大多侧重于洗手、营养和睡眠等主题。关于生殖器和身体发育的课程往往要到五年级左右才会有，值得注意的是，到那时，班上绝大多数孩子已经进入了青春期，一些女孩甚至已经有了月经。此后，学校讲授的内容迅速扩充，例如，校园霸凌、暴力、毒品和性，无所不包。不过，学校里讲授的性知识往往是关于异性性爱的。

不论这些信息是来自专业的教育者，还是来自某条包含错误观念或不雅画面的视频。除此之外，身处学校性教育一线的教师们也知道，在他们的课堂上，一些孩子，特别是男孩子，是第一次正式接触关于青春期或健康的知识。从暗自估摸自己的阴茎能够长多大，到学习如何负责任地使用它，这中间是巨大的飞跃。敬业的教育者们了解这一切，并且希望对他们的学生负责任。

多年来，人们一直在争论，性教育到底应当由学校进行，还是应当在家里开展。一些父母希望控制整个对话过程（这是可以理解的），而另一些父母的想法刚好相反（我不想教这个！你们来教！），还有一些父母（也许这种父母最多）压根儿就没有考虑过这个问题，直到学校通知即将开课，他们才开始考虑这件事，并且迅速变得立场鲜明。如果你从未想过，教师在讲授性教育课程时要面临多少困难，那么此刻，你或许能够体会一二。

父母们能否比学校做得更好

我们这些做父母的不一定能弥补学校的短板。大多数父母都对我说，他们希望儿子和女儿都能在一生当中做到自爱，并与他人保持积极健康、爱意满满的关系。不只是教师们常常纠结于健康教育（特别是性教育）的内容、讲授语气和讲授方法，父母们也是如此，甚至更厉害。

一对一的谈话方式很可能会让跟孩子谈论生理变化这种事充满压力，而一旦涉及性，压力就会陡增。于是，很多时候，父母们只会本能地勉强应付。跟孩子谈起性，一些父母面无表情，一本正经，另一些父母则像是在谈论瘟疫。但是，这么做会给孩子带去这样的感受——这种话题十分无趣，所以性也是无趣的！这么做并不能让大多数孩子推迟性行为，还有可能适得其反，因为我们都知道，性并不无趣，也不是折磨。把性妖魔化并不能确保孩子推迟性行为，这么做只是凭空增加了羞耻感，同时也大大降低了他将来与我们谈论感情状况的可能性。然而，不知是什么原因，我们的确很难不这样做，特别是在孩子们（本身也来自父母的性爱）给我们的注意力十分有限的情况下。

我们这些做父母的都曾有过自己的青春期，但我们大多忘记得差不多了，这非常不利于我们跟孩子谈论关于青春期的话题。虽然我们都能回忆起那时的一些高光时刻或黑暗瞬间，仿佛它们就发生在昨天，但我们能抓住的只有这些了，似乎它们代表了青春期的全部，而我们的许多经历已经沉入了潜意识的深处。

我们对青春期最鲜明、最难忘的记忆当中往往包含接受性教育的某些片段。例如，与父母的某次长谈，学校里某堂哄笑不断的性教育课，以及从同伴那里听来，或是从同伴手里的《花花公子》杂志里看来的某条重要信息。只要有人问起，大多数父母都能回想起类似的经历。就我而言，我想起的是"性教育海报日"。当时是宣传某种节育措施，泡沫板海报贴得到处都是。我们回想起的内容主要是图像，因为大脑更善于储存图像信息。最终，这些画面都会转化为讲给孩子们听的警示故事或生活经验。由父母们在家进行的性教育远远谈不上科学和客观，甚至相当零乱。没有标准，没有教材，父母们只能用自己的方式去讲授。如果所有父母都能与孩子开启这类谈话，把有用的知识真正教给他们，效果也会很好。虽然在这件事上，我们这一代人做的已经比上一代人好了很多，但是，出于顾虑、害怕出错等各种原因，我们还是有很多东西并没有教给孩子。

新式的健康教育和性教育

总的来说，几十年来围绕学校和家庭的健康教育和性教育之争为新事物的诞生创造了机会。而且，性教育的进行方式（干巴巴的、应付差事的一次性讲授）尤其需要改变。因此，健康教育和性教育这门生活课的面貌已经自然而然地发生了某种转变。一次性的"那通谈话"已经转变为多年里的多次谈话，于是健康教育和性教育便可以持续进行。可以讲授这些知识的人选也突然不再局限于父母和教师。而且，我们也突然发现，虽然性是严肃的话题，可他们口中的性是丰富多彩的，时而尴尬，时而有趣，时而荒诞。

新式的健康教育和性教育鼓励我们的孩子参与双向对话。于是，成年人也能从各种话题中学到新知，例如，我们从未听说过的某个新词，以及新一代的孩子们如何约会。新一代的教育者已经掌握了这种讲究互动的、不很严肃的"共情式"对话技巧。他们当中有视频博主，有脱口秀演员，也有动画人物。这些身兼艺人和教育者的人士在这一领域发出了响亮的声音，而且事实证明效果很好。他们是搅局者，是非典型的教育者（他们当中的许多人既不是父母，也没有接受过任何专业训练，更不用说接受生物学或性学教育了），他们的声音在全国各地的电脑和移动设备上播放。在为孩子们的生理变化提供解释方面，他们已经在很大程度上取代了对孩子关怀备至的父母和在学校开展性教育的体育老师。这一切就发生在过去几年当中。

这种新的教育形式可以追溯至十多年前。当时还在上大学的拉西·格林（Laci Green）发布了一段视频来评论某种节育措施，却意外地发现吸引了很多人的注意。拉西·格林的"油管"（YouTube）频道开设于2008年。在将性教育视频加入其中后，她拥有了稳定的粉丝群。2012年，她成为美国计划生育联合会（PPFA）的代言人，并在美国各地巡回演讲。在2014这一年，拉西·格林25岁，她的"油管"频道订阅用户首度超过一百万。她还与美国音乐电视网（MTV）共同制作了系列视频。每月观看她视频的用户来自100多个国家，人数超过了500万。今天，据估计，拉西·格林的视频播放量已经远超1.5亿次。可以说，她开创了在线性教育领域，或者至少也可以说，她大大拓展了这一领域。

拉西·格林为一场几乎始料不及的热潮吹响了号角。许多"油管"频道和视频博客（博主大多为女性）开始为年轻人提供性教育视频。[①]今天，像拉西这样的内容创作者已经大量存在。他们大都在制作类似的、一次只讲述一个主题的短视频，其中既有五年级课堂就可能涉及的基本概念，也有非常具体的解剖学知识或性爱技巧。这些视频画面，连同其中的旁白兼主角，都包含着一种教育的意味，解答众人关心的疑问。它们也有相似的表现形式（一人主讲，穿插动画或示范讲解）、节奏（几乎总是快节奏式的剪辑）和氛围（主播年轻而充满活力，通常是女性，不管谈什么话题都精神饱满）。

拉西·格林的视频以及这一大类视频的广受欢迎都在说明，市场存在空缺——人们需要身体和性的相关信息。顺便提及，上网观看这些视频的不仅有青少年，还有很多成年人。虽然这些视频制作得幽默欢快，但仍旧属于教育类内容。它们效果如何？不错。用户爱看吗？爱看。单纯因为有趣才引发了病毒性的传播吗？不是。是做给小孩子看的吗？绝大多数不是。于是我们就能理解，为什么观看这些性教育视频的人往往是想要获知具体信息的大孩子和成年人。他们的学习意愿非常强烈，但他们想要的并不是中学课堂上的那种教育。

随后，性教育视频迎来了第二批，或许数量也更多的用户，他们在网络上寻找的不是具体的知识，而是灵感或趣味。这些灵感或趣味有时与性有关，但多数时候无关。他们喜欢观看"泰德"（TED，字面

---

①一场类似的风潮也在青少年"油管"博主中兴起，尽管他们发布的视频并不能完全归类为性教育。这一群体的早期代表人物是博·伯纳姆（Bo Burnham）。他们的视频涉及身体的变化、人际关系等许多主题。不过，这些视频博主一开始只是想为其他孩子提供娱乐，并不是要教育他们。现在看来，这些视频很像记录了初、高中生活的视频日记。他们讲述的故事激起了数百万访问者的共鸣。在多年后的今天，这些故事还在继续。

意思是技术、娱乐与设计）演讲。泰德（TED）是一家有35年历史的组织，旨在分享"值得传播的想法"。泰德的历史远长于"油管"甚至拉西·格林的视频，最初是只能现场参加的邀请制系列演讲活动。2006年，泰德的演讲开始能够在线观看，于是影响力大增。今天，可以轻松下载的泰德演讲涵盖了人们几乎所有想象得到的主题，性也包含其中。

2010年，正当拉西·格林的频道逐渐走红之时，曾经参演综艺节目《周六夜现场》（*Saturday Night Live*）的喜剧演员朱莉娅·斯威尼（Julia Sweeney）登上了泰德的演讲台，讲述了自己在无意中给8岁女儿进行"那通谈话"的搞笑经历。一切开始于她和女儿谈论青蛙的繁殖问题。那天，女儿在学校里刚刚学习过这方面的知识。接着，她们又顺势看了猫、狗的交配视频。而后，女儿提出了一个绕不开的问题："妈妈，网上有没有人类交配的视频？"斯威尼一不留神，竟然把女儿带入了网络色情的领地。她那克制而又令人捧腹的讲述非常值得一看，如果你还不属于已经看过的那350万人的话。

说起在互联网上拿性话题来逗乐的喜剧演员，斯威尼并不是唯一一个，甚至不是第一个，但她却是最早在教育平台（如泰德）上这么做的人之一。她的此次演讲之所以大受欢迎，是因为她触及了所有父母最害怕的东西。绕不开的"那通谈话"的意外到来让我们不知所措，她在演讲中所流露出的情感和她的困窘激发了我们的共鸣。我们都曾有过发现自己跟孩子越聊越"危险"却刹不住车的经历，斯威尼只是把这类遭遇更加精炼地讲述了出来。不仅如此，她还在共享在线内容尚不发达的阶段率先垂范：笑对性，特别是笑对"那通谈话"，不仅有娱乐功能，还是有效的教育途径。

斯威尼只是误打误撞，并非有意要给孩子做性教育，而这一点也正是让性教育直达那些寻找灵感而非知识的用户的关键。与拉西·格林等光鲜亮丽、措辞考究的性爱教师们不同，斯威尼并不是要成为他们当中的一员。她只是讲述了一件许多父母都会遇到的事情，以真情引发了共鸣。因此，多年来，人们观看斯威尼的泰德演讲（以及许多类似的节目，有些甚至更好笑）不仅是因为他们想了解如何谈论性（或者如何避免谈论性），还因为他们想开心一笑。招来观众的是开心，而话题却碰巧是性，于是这些观众便阴差阳错地成为性教育的对象，而效果也出奇地好。

2017年播出的动画片《大嘴巴》（Big Mouth）也是如此。在影视平台奈飞（Netflix）播出后，这部青春期主题的动画片在初中和高中生中迅速走红。尽管这部片子原本并不是给他们（特别是初中生）看的，也不是寓教于乐的科普片。《大嘴巴》不仅意外地扮演了性教育者的角色，其教育对象碰巧还是想要并且需要得到这些信息的青少年。

不要误会我的意思，《大嘴巴》跟朱莉娅·斯威尼的泰德演讲以及拉西·格林的视频都不一样。它是动画片，每集大约半小时。故事背景设定在青春期，如同"二战"片设定在20世纪40年代的欧洲。这部剧讲述了发生在一对好友——尼克和安德鲁身上的故事。他们可能是同龄人，在同一所学校上学，拥有同一群朋友，但两人的身体在青春期的表现截然不同。虽然安德鲁的青春期远比尼克来得早，但两个男孩都在拼命适应他们的激素所引发（或未能引发）的生理变化。《大嘴巴》的创作视角来自回望自己困顿青春期的成年人，原本是为那些想对自己的青春期报以苦笑的观众所写。这部剧放大了每一份涉及身体和心理的屈辱感（特别是在性的方面），再现了痛苦而晦暗的青春往事。

该剧的创作者尼克·克罗尔（Nick Kroll）和安德鲁·戈德堡（Andrew Goldberg）（是的，他们就是剧中的尼克和安德鲁）完全没想到，《大嘴巴》会成为中学生们的重要教育资源。如果你对此有所怀疑，不妨去看看第一季的预告片。短短两分钟里，从手淫到口交再到阴道无所不包，此外还有大量脏话。毫无疑问，该剧在美国电视分级系统中获评"成人级"（TV-MA）。不过，对现实生活中的尼克和安德鲁来说，这并没有什么妨碍。

《大嘴巴》的制作团队从未想过要成为性教育者。该剧只是一群才华满满的好莱坞编剧和演员借助青春期主题和动画形式制作的一部娱乐剧。正如安德鲁（指创作者，不是动画片里的那位）表示："这个剧一开始是写给我们自己的，写的都是些趣事。后来播出前（预告片已经播了），我看到有评论说，'这个剧是给孩子们看的，可孩子们又不能看。那么它到底是给谁看的呢？'我第一次发现，'老天！难道我们做了个没人看的剧？！'不过现在看来，情况并不是这样。"

实际上，情况是这样的：他们做了一部原本不知道该给谁看的剧，结果却吸引了几乎所有人，或者至少是所有与青春期有关系的人。

在首播后的几个月里，《大嘴巴》迅速成为一场席卷各地青少年的超级娱乐风暴。这部剧集合了拉西·格林和朱莉娅·斯威尼各自的特点，即格林视频中的信息内容和斯威尼等涉足性话题的喜剧演员的高度亲和力和幽默感，为性教育赋予了新的重要特征——讽刺。讽刺的对象原本是青春期，却意外地招来了青少年。这部剧混杂了现实中的发育轨迹和直白自嘲（我提过里面有很多脏话吗？），在奈飞平台的助力下，源源不断地流向了美国各地的手机和笔记本电脑。

没人知道《大嘴巴》究竟有多么受欢迎，因为奈飞并不披露收视率，但它仍旧是奈飞2018年收视率二十强之一。随便问问身边的青少年，你很快就会对这部剧的影响力有所了解。不仅他们几乎都知道《大嘴巴》，而且我问过的所有孩子都能深刻理解他们喜爱的某个角色所经历的青春阵痛。从白色短裤上惊现血迹到发现好朋友的阴茎已经硕大无比，这些刺眼的青春画面以如此讽刺的方式上演，让所有孩子都看得目瞪口呆。不管是青春期已经完结的孩子，还是刚刚迈过青春期门槛的孩子，都是如此。

连同珍妮弗·弗拉基特（Jennifer Flackett）和马克·莱文（Mark Levin）一起，《大嘴巴》的四位主创目前有四个孩子，年龄从尚未进入青春期到青春期正当时不等，这一点显然有益于这部剧的创作。也就是说，尼克、安德鲁、珍妮弗和马克一边在回望他们自身的青春岁月，一边也在见证21世纪新生代的成长。

让男孩也接受健康教育

除去其风格无下限、手淫不离口和脏话连篇的对话之外，真正让《大嘴巴》从健康教育和性教育领域中脱颖而出的是它的性别倾向。《大嘴巴》明显偏重男性。

在互联网上，从生理变化到性高潮的信息类内容大都偏重女性。[①]这背后的原因或许是月经。月经在中学里是热门话题，半数女孩未满13岁就得面对月经。因此在小学阶段，月经与性知识的教育是同步的。随着时间的推移，性教育偏重女性的趋势逐步扭转。到高中后，关于性病、性爱中的同意原则，甚至怀孕的教育相对来说都是不分性别的。不过，在一开始，健康教育课确实偏重女孩。

随着拉西·格林这类在线教育者的崛起，我们能清晰地感受到女性的身体所受到的重视。这完全没有任何错。实际上，无论对女性自身，还是对想要了解女性身体的男性来说，这都是一件大好事！不过，这种内容上的偏重增加了了解男性身体的难度，导致我们很难找到像样的针对男性的性教育内容。

在这一点上，《大嘴吧》实现了重大突破。不仅剧情围绕两个男孩（尼克和安德鲁）和他们的一大群男性朋友展开，甚至连睾酮所激发的冲动也变换成了有形的角色——荷尔蒙怪兽。他们是内在的男性特质和欲望的化身。一天，尼克（不是动画片里的那个尼克）在与我

---

①在我看来，网络色情不属于信息类内容。详见下一章。

通电话时满怀期待地讲道："但愿荷尔蒙怪兽能够成为男孩子们谈论这种事情的工具或平台。"

这并不是说《大嘴巴》不涉及女性的青春期问题，当然会涉及……而且女性的荷尔蒙怪兽很难对付。但是，这部剧确实深度涉及了男性青春期的诸多问题，其中关于身体、情感和欲望的挣扎大多由睾酮引起。几乎每一集都能让观众对男孩在成长中所经历的一切浮想联翩。

"在过去十几年、二十年里，我们花了太多力气来重视女孩，这么做当然理所应当……但男孩似乎受到了一些冷落，"安德鲁如此向我解释该剧在性别侧重方面的考虑，"我认为男孩们感受到了这一点，特别是在'我也是'（MeToo）反性骚扰运动兴起后。即使在今天的开明环境里，男孩们也仍旧无法畅快表达，他们感到难以启齿。"

在许多方面，将健康教育和性教育正式纳入学校课程能帮助女孩们减少尴尬甚至羞耻感，增加知识和力量。学校里的健康课往往会介绍大量与女性生理有关的内容，而这个年龄段的女孩往往特别喜欢交流。《大嘴巴》则为男孩们提供了一条殊途同归的道路。这部剧从表面上看是大嘴巴的、百无禁忌的，但其核心针对的是沉默。正如尼克所说："我认为，男孩和女孩越是保持沉默，不去谈论他们正在经历的事情，他们就越是容易感到羞耻，引发负面后果。"

尼克和他的共同创作者们揭开了现实的面纱，即，青春期男孩有一肚子问题要问。然而，他们也有自尊、胆怯、不适和尴尬。他们比从前更加沉静，至少很多人是这样，尽管他们内心的荷尔蒙怪兽正在嘶吼。《大嘴巴》告诉男孩们，他们的好奇和各种感受都是正常的。不仅如此，这部剧也告诉女孩们，男孩们其实也有丰富的内心世界，其中同样也充满了好奇与担忧。它鼓励孩子们谈论他们的担忧和错觉（当然还有生活的积极面），而不管他们是男孩还是女孩。它让很多成年人（是的，很多成年人都在看《大嘴巴》）跌入尘封的记忆，进而鼓励他们设身处地理解孩子，改变养育方式。在青春期的道路上，《大嘴巴》可能是孩子们的良师。即便它夸大其词、乍看不过是卡通片、脏话连篇、色情露骨、手淫不离口，但它道出了真相。[1]

尽管性教育资源丰富，父母的影响仍旧举足轻重

如今，健康教育和性教育已经无处不在，我们这些父母要做的是加入其中。但是，我们要什么时候开始谈，多久谈一次，具体谈些什么好呢？

像大多数儿科医生一样，我也明确认为，当孩子发育到了能够接收信息的阶段，我们就要向他们解释这些信息。然而，今天的孩子生活在一个充斥着色情画面和语言的世界里。他们应当知道如何去应对这一早早来临、始料未及的冲击。更不用说，如果我们平时看到的统计数字是真实的，如果半数的11岁男孩已经上网浏览过色情内容，那我们就更要加快步伐了。

孩子们有权了解真相，他们需要这些信息来保障安全和健康。但一般来说，只有当信息的讲述方式适合他们的年龄时，他们才能吸收这些信息。所以，许多针对刚刚步入青春期的孩子的"欢迎来到青春期！"主题的入门读物完全避开了与性有关的话题，我就写过很多这样的书。毕竟，青春期是孩子生殖系统发育、由青少年蜕变为成年人

---

①在我写这本书的一年里，讲述青春期的剧多了很多，至少在流媒体中是如此。跟《大嘴巴》一样，《性爱自修室》（Sex Education）和《笔写青春》（PEN15）也是非常火的剧。虽然这些节目的形式完全不同，有真人表演，有动画片，有正剧，也有喜剧，但它们合在一起的影响力比《大嘴巴》这一部还要大。最重要的是，它们各自以不同的方式开启对话，于是吸引了背景千差万别的孩子。健康教育和性教育正在我们眼前大踏步发展。

的漫长旅程。这个过程需要五年、六年、七年……而大脑的成熟还要更久。提早开展性教育不一定有效。

要等孩子长到多大才能跟他谈论性话题呢？这一年龄并不存在。父母们经常问我这个问题，原因主要在于，有个所谓的正确时间来倚靠，能够缓解父母与孩子开启这一艰巨对话的压力。我希望我能给你一份这样的时间表，可它并不存在。不过，你的儿子身边一定会有脑袋里充满了错误信息的孩子，而你又完全不知道你的儿子会不会受他们影响。总的来说，我的建议是尽量先发制人。

大多数学校会在四、五年级左右开始上健康教育课。因此，有益的做法是提前让孩子了解一些相关内容，以防孩子班上的同学在课程的激发下借机分享他们的错误信息。对于年龄较小的孩子，如果他们身边有哥哥姐姐或等稍大一些的孩子（例如，表哥表姐、同乘一趟校车的伙伴或邻居家的孩子）来影响他们，你就可以告诉孩子，他会听到别的孩子谈论身体和性，而他可以随时来找你了解真实的信息。这样一来，你就不必过早跟孩子谈论超越他发育阶段的话题了。

对于容易紧张的父母来说，你可以参考我在下文列出的谈论性话题时的基本注意事项。最重要的是，如果谈话进行得不顺利，你就先停下来。我们都会在某一时刻犯错，例如，说一些我们本没打算说的话，因为孩子提出的问题而评判孩子（有时虽然没有明说，但我们所做的仍然是评判，而孩子也完全知道我们在评判），或者不小心引出了我们其实并不想回答的问题。总之，所有父母都在用舒适最大化或压力最小化的方式来面对这个问题。不要评判，而要专注于把正确的信息传递给孩子。

在我们小时候，如果父母不跟我们谈论身体会发生什么变化（许多父母都不谈论），学校也不教这些（同样，大多数学校都不教），那我们就只能从身边的朋友处或带有医学插图的教科书中获取信息，而无论朋友还是教科书，都会带给我们不舒服、害怕和困惑不解的感觉。不去谈论这些话题并不是什么好事，或者说，这是很可怕的事，因为我们缺乏了解事实的途径。不过，在那个信息闭塞的年代，我们也不必经受当下的信息过载。

今天，孩子们面对的由激素所引发的身心变化与几十年前的我们并没有什么不同，但他们同时也要经受图像和信息的狂轰滥炸，这些图像和信息使他们空前地关注性，而我们在他们这个年纪从未经历或想象过这样的生活。

健康教育和性教育新风潮的领导者们并不是要取代你与孩子的对话，他们只是想把真相袒露出来。他们这样做恰好能满足孩子们被激素所激发出的需求，并在我们发现孩子渴求性知识之前开启这样的教育。父母们可能会惊讶地听到儿科医生赞扬网上那些资质不明的教育者，或是那些深入探讨尴尬话题的系列节目。但是，它们所提供的不仅仅是信息，特别是对男孩来说。它们将有关青春期和性的讨论融入主流话语，开创了新的时代潮流。

如何与男孩谈论性

1.把握时机。一方面，信息就是力量，所以要早谈。另一方面，你也不会在蛋糕完全烤熟前裹糖霜，所以不要谈太早，一开始也不要谈太多。你可以选择什么时候开始跟孩子谈，但是不要忘记，他获取信息的渠道有很多，你推迟谈话并不妨碍他接收其他信息。

2.多谈几次。跟孩子谈论性不再是一劳永逸的事，哪怕你希望能够如此。每次谈一个话题，每个话题要在几年当中反复谈多次。相信我，你谈得次数越多，谈起来就会越容易。我们了解这个话题（我们都有性爱经历），能够讲清楚大部分事情。

3.不要狭窄地看待性。性不仅是涉及生殖器的亲密身体接触，还包括手淫，以及性行为发生前的亲昵行为，所有的亲密接触都值得谈一谈。

4.关注情感。详细了解孩子约会（或不约会）背后的情感与谈论身体的亲密接触同样重要。我们的孩子是在性爱无涉感情的"勾搭文化"中长大的。至少在很多情况下，身体上的亲密并不需要感情来作为基础——在理论上是这样。实际上，感情和身体的快感是分不开的。所以，你要帮助孩子借助语言来表达感情。

5.不要过多谈论你自己。不管你一想到要跟你的儿子谈论性就尴尬得要死，还是你对这一章的内容没有感到任何不适，你还迫不及待地想要跟孩子展开讨论，这都没关系，因为我们的思维方式、沟通方式都不相同。要记住，这不是你的性教育，而是孩子的性教育。你不需要把你的个人经历全部讲出来，以此来证明你做到了什么。如果你愿意，你可以大致讲讲你自己的经历，但不要讲太多。

6.要谈论相关的法律常识。随着孩子逐渐长大，你必须跟孩子讲清楚涉及性爱的法律常识。例如，关于色情短信，你可以问他如果有人向他索要裸照该怎么办（答案是：不要发送！），也可以告诉他为什么不能向别人索要裸照。你还需要跟孩子谈论性行为中的同意原则、强奸，以及涉及毒品和酒精的特殊情形。这些话题都值得单独讨论，但也需要结合起来谈，因为孩子必须知道，人在吸毒和饮酒后对性行为的同意是无效的。相关的法律常识还有很多，但我此刻不想给你太多压力，我们到第7章再详细谈。

7.不要预设孩子已经懂了。即使孩子的学校有全套性教育课程，即使他看了《大嘴巴》的每一集，即使他有四个哥哥姐姐，你也要确保他正确掌握了关于身体部位、避孕和性病的知识。

8.强调爱，而非恐惧。不要把性妖魔化，因为我们最终是要让孩子在将来拥有美好的性生活，它是美好爱情的组成部分。请记住，如果你总是用负面的眼光去看待性，那么真到了孩子发生性行为的那一天（几乎所有人类都会有这么一天），他就没办法跟你谈论这件事了。而且，你此刻对性的否定态度会导致他日后产生羞耻感。还有，别忘了跟他谈论爱。

第7章

男孩与性
色情内容、交换裸照与同意原则

我们生活在一个充斥着图像的世界里。它们出现在各种各样的屏幕上，无时无刻不在骚扰我们。各种图片、游戏、动图、短视频、电视、电影……无论我们身在何处，它们都会在各种网站、应用程序和社交媒体上不断闪现。这还不够，我们还能看到无处不在的广告，它们有的填充网页空隙，有的在屏幕上弹出，有的穿插在用户生成的内容当中，让人难以分辨。这些满天飞的信息形式各异、尺寸不一，不论是创意内容还是小道消息，客观报道还是媒体社论，付费内容还是免费消息，今天的我们都会不由得忘记，在主动搜寻信息的同时，我们也在被动地被信息所影响。

成年人正在对抗这头不断膨胀的内容怪兽，但它对孩子们的伤害更大。身为成年人的我们拥有完全成熟的前额皮层。从理论上讲，它能促使我们关掉电子设备，或者至少能让我们关闭手机弹窗，认出广告，或是在使用搜索引擎时保持戒心。但是，青少年手机里的信息是泛滥的。只要拿起他们的手机，你看到和听到的东西就会让你深感不安。各种弹窗、点赞和回复轮番刺激着他们的边缘系统，这让他们受到的影响比我们更大。如果你对这一点有疑问，那就回头去读读第5章。

信息过载已经成为常态，我们无法让自己和孩子远离各种外部影响，例如，枪击、自然灾害、政治剧、比基尼自拍、性感火辣的卡戴珊姐妹、打折的套头运动衫和色情内容，特别是色情内容。

你对最后这一点感到惊讶吗？应该不会，因为色情内容已经无处不在。你或许已经注意到这一点了，如果不是这样，那么下次浏览网页时，你就可以把眼睛睁大些，这样你就会发现，虽然标准的黄色网站尚需你点击一下才能进入，但"擦边的"画面已经在满天飞了。它们当中既有专业人员制作的惹眼广告，也有遍布图文信息、社交媒体和约会软件的自拍辣照。"无处不在"，名副其实。

如果有个孩子想了解他的某个身体部位，或者想知道他在某些方面是否"正常"，那么，只要有一部手机在手，他就能轻松绕过父母、老师、朋友和书本去搜寻信息。只要手指轻轻一触，某张图片或某个视频就能为他答疑解惑，同时会为他呈现出比他想知道的多得多的东西，而这一切只发生在他的手掌心里，其他人无从知晓。这些露骨的画面当中有太多孩子们并未打算了解的东西，可他们又无法视而不见。

因此，不论你跟孩子谈论的是历史、社会现象还是色情，你都要抛弃"一切尽在掌握"的念头，因为互联网早已跟孩子进行过这类谈话。谈话的形式有时是语言，但更多时候是画面。今天的父母们已经无法规划孩子们的娱乐生活，更别提规划他们所身处的环境了。今天的父母和孩子所面临的情形已经与过去截然不同。孩子的所见已经远超当年的我们，即便他们并未刻意去搜寻，特别是色情内容的方面。

虽然男孩和女孩都面临同样的情形，但男孩所受的影响更大。男孩和女孩都能看到色情图片，但男孩往往会更加主动地去搜寻它们。这并不是说女孩没有受到影响，她们确实也受到了影响，而且影响很大！但我们需要了解，为什么十几岁、甚至八九岁的男孩常常痴迷于色情内容。这方面的研究结果不甚明朗，但几乎所有研究者似乎都同意，虽然受色情内容影响的孩子数量越来越多、年龄越来越小，但痴迷于色情内容的主要是男孩。

我写这一章并不是要吓唬你，而是给你看真实的世界，同时为你提供相应的工具来养育男孩。或者，如果你的孩子已经长得比较大了，我的目的就是用大量的现实来改变你与孩子谈话的方式。因为，目前的研究表明，18岁及以下的男孩有90%以上看过色情片，而女孩的这一数字为60%。跟你一样，我也不喜欢考虑这种事，但不管我们跟不跟孩子谈，他们都在看。而且，他们看的那些东西一点也不像四五十年前的杂志插页。那些插页中的亲昵和挑逗只是暗示，而且页数有限。可现在的那种视频应接不暇，画面也直白露骨，里面常常不只一人、两人，而是多人，还经常伴随暴力。这些性爱情节不仅毫无浪漫可言，甚至没有建立在同意的基础上。当下的视频刚结束，下一段视频就紧随其后，等待播放或自动播放，然后是下一个、再下一个。这些画面会在孩子们的心中留下印记，而许多父母却蒙在鼓里，毫不知情。同样一块屏幕，时而显示全家人一起度假的照片或孩子们的拼读游戏，时而又显示往往有违道德和法律的肮脏画面，这实在令人匪夷所思。

总之，我们这些做父母的必须做出选择：要么提前跟孩子们谈论这些东西，要么放任为便利联系而买给他们的电子设备里的那些画面去影响他们。无论怎么选，我们都无法让孩子们远离那些无处不在的色情画面。但是，我们可以通过开启谈话来让他们尽可能少看这类画面，为他们日后不可避免地看到这类画面"打预防针"，同时告诉他们这么做可能导致的可怕后果，直到最终转变他们看待这件事的态度。

色情文化的泛滥

2016年10月，我坐在旧金山会议中心拥挤的宴会厅里，目之所及都是儿科医生。当时，我正在参加美国儿科学会年度会议的全体会议。

我依稀记得，其中一位演讲者提到，那年来参加会议的儿科医生有一万名。我不知道宴会厅里有多少人，但如果接近这一数字，我也不会感到惊讶，现场确实挤满了人。这可是个看儿科急诊的好地方。

美国儿科学会的全体会议有多位演讲者，其中的一位明星演讲者会占据最多的时间。这一年的明星演讲者是盖尔·戴恩斯（Gail Dines），不过在场的大多数人都没有听说过她。盖尔是波士顿惠洛克学院的社会学和妇女研究教授，最重要的是，她是一位色情问题专家。盖尔喜欢通过介绍自己是波士顿本地人来开场。她用浓重的英国口音问道："难道你们听不出吗？"实际上，她是想让听众放松一下，因为她接下来要讲的是我们的孩子们所生活于其中的已经深度"色情化"了的环境。这就不那么好笑了。

盖尔面对身处儿童健康第一线的专业人士发表的45分钟演讲令人震惊，所有听众都饱受冲击。在这之前，我们中的大多数人，包括我自己，基本都对色情文化的泛滥一无所知。

你会发现，虽然接受过医学训练的儿科医生会询问患者与性有关的行为，指导他们预防性病，还会涉及性别认同、伤害预防和避孕等问题，但我们这些儿科医生大多仍旧把色情等同于偷看爸爸的色情杂志。而且，坦率地说，我们几乎从未在诊室里提到过这个问题。首先，我们没有时间提。在谈论性（这需要谈及涉及性的行为对身体、情感的影响以及怀孕、疾病传播等后果）之前，我们还需要谈论很多东西，例如，营养、运动、睡眠、个人卫生、头盔、防晒霜、安全带和电子设备的使用，等等。我们如何能在有限的15分钟的问诊时间里谈及色情呢？更为根本的是，我们为什么要这么做呢？在儿科领域，色情并不是多么重要的问题。

但是，盖尔改变了我们的认知。她认为，这个问题非常重要，而且同时影响男孩和女孩，只是影响的方式完全不同。

盖尔生动而详细地解释了网上色情内容的泛滥成灾，她引用的统计数据也令人触目惊心。例如，在通过互联网下载的内容中，35%是色情内容；经常访问色情网站的美国人有4000万，70%的18～24岁男性（其实还是男孩！）每月都会访问这些网站；在互联网搜索领域，25%的搜索请求与色情有关。头是不是已经晕了？不仅如此，这些数据在过去几年里仍旧不停地增长。截至2018年底，全世界最有影响力的色情网站"色情中心"（Pornhub）（其母公司MindGeek是全世界最大的色情信息集散地）每天有9200万访客。如果你认为你知道你家孩子在做什么——尤其是如果你在阅读本文时心里暗暗为你的孩子担忧，那么请注意，虽然许多研究表明，美国人首次在网上接触色情内容的平均年龄为12或13岁，但最新研究估计，所有11岁男孩有一半在网上看过色情内容。研究者认为，到初中毕业时，大多数男孩都已接触过色情内容。与此同时，父母们的想法却依旧天真得很。在接触色情内容的14～18岁孩子的父母当中，只有一半知道孩子在笔记本电脑和手机上到底看了些什么。而且，我们这些做父母的也低估了他们接触色情内容的频繁程度，真实情形要高出10倍。[①]

在美国儿科学会的全体会议上，盖尔继续介绍了孩子们在网上偶然遭遇的五花八门的色情内容，从性感照片到充满暴力的性爱视频，不一而足。虽然这些色情内容的情节或画面有时聚焦于男性，但在绝大多数情况下，女性才是焦点。这些色情内容有些是专业机构制

---

①当然，初中女生也有大量的机会接触色情内容，但这方面的研究结果不甚明朗。目前，大多数研究表明，男孩比女孩接触色情内容更早。因此，如果男孩首次接触色情内容是在中学时期，那么女孩的这一时间很可能会稍晚于男孩。有些令人震惊的数据是由色情网站自己公布的。我非常看重"色情中心"自己公布的统计数据，它们就显示在网站上，但独立于色情内容之外，在《年度回顾》栏目下。这就像是他们的年度报告，字里行间满是自豪。其在2017年的总结中提到，用户当年总共上传了595,482小时的视频，可以连续播放68年。

作的，但是，近些年来，由业余人士借助手机制作的色情内容也占据了相当大的体量，这也是色情内容数量激增的原因。这一现象日益严重，令人不安。虽然男性和女性都可以看到这些照片和视频，但长期来看，持续关注这类内容的是男性。

观看大量色情片的副作用之一是，观看者需要越来越刺激的画面来达到性高潮。盖尔直言不讳地说，高潮是大部分观看者想要达成的目标，至少对经常接触色情内容的人来说是如此。在过去的十几年里，色情内容的制作者不得不超越只拍摄身体部位及其相互运动的阶段。他们把性与暴力联系起来，以此来让画面看上去越来越刺激。这么做显然是针对男性观看者的。①实际上，这并没有让我感到非常惊讶，因为我们的文化就是这样变迁的，那些曾经伤风败俗、处处受限的各种内容就是在逐步地主流化。还记得20世纪80年代对限制级电影的定义吗？那时的售票处甚至有专人检查观众的年龄！这世界变化太大了。如今，我们已经进入了一种新的常态。我们不仅能够通过移动设备大量接触色情内容，而且这些总在迎合男性的内容在刺激程度和暴力方面也远非过去所能相比。由于色情内容创作者想方设法争夺眼球，而所有人又基本都能通过互联网访问所有的内容，所以我们看到的画面必然会越来越离谱。而且，我们确实看到了，我们的孩子们也是如此。

色情内容的这一"升级"不只是虚拟空间的事，它也影响现实生活。盖尔最关注的问题是勃起功能障碍，也叫阳痿，电视广告里经常出现这个词。许多研究表明，经常浏览色情内容，同时又尝试在现实

---

①我的一位男性朋友并不认同这句话。我理解他的感受，但我不同意他的看法，所以我仍旧保留了这句话。虽然电影、电视和视频游戏中的暴力画面也吸引女性，但它们对男性的吸引力更强。此外，虽然我确信个别女性可能会声称自己喜欢看针对女性的性暴力画面，但毫无疑问，这样的女性是少之又少的。因此，虽然许多男性认为性暴力应当受到谴责，我也欣赏他们的这一态度，但色情内容在情节上如此安排显然是为了迎合男性。

生活中进行性生活的男性阳痿发病率高很多。因为相比之下，现实生活中的性生活非常无聊。而且，我们这里所说的不只是成年男性。一些研究发现，在浏览色情内容的青少年中，阳痿发病率同样在升高。只要停下来想想这件事，你就会发觉有点不对劲，因为谁都知道，正值青春期的男孩子对性充满了渴望。事到如今，可望与可即却成了两码事。在过去的几十年里，阳痿是青年人的罕见病，而且通常与激素失调或前列腺疾病有关。但是，由于色情内容的泛滥，这一情形似乎已经完全改变。

色情内容泛滥还会使人对性行为的预期发生改变。色情内容中常常包含对女性的侵犯性凌辱。盖尔举的例子有勒脖子、闷口鼻、多对一（通常是轮奸）和强行肛交。这些情节在色情内容中大量存在，以至于它们已经不再属于极端情形。这股几乎令人反胃的歪风就弥漫在我们身边。我们都考虑过该与孩子谈些什么，例如肯定会提醒孩子注意安全，但我从未想过我还得跟女儿或儿子说，勒别人的脖子是不可以的，以及决定做爱并不意味着同意肛交。

离开讲台前，盖尔还提到，很多男孩和女孩并没有看过露骨的色情画面。虽然色情内容已经无处不在，但终究还是有许多孩子并不会见到特别不堪入目的画面。终于听到了一个好消息。可是，盖尔仍旧认为，不仅那些极端的画面已经司空见惯，而且，我们的社会对所有性画面的接受程度都已大幅提升。早在几十年前，当许多名人传看性爱录像带时，这一现象就已经开始愈演愈烈。如今，交换裸照已经成为所有年龄段人群的标准操作（不信去问问你身边那些使用约会软件的三十多岁、四十多岁，甚至五十多岁的单身朋友）。如今，即使是穿着衣服的照片也会充满强烈的性暗示，例如，中学生伸舌头的照片，不是伸舌头搞怪那种，而是要去舔什么不该舔的东西。照片里的一些孩子年纪非常小，他们根本不可能知道这个动作到底意味着什么。

需要澄清的是，无论是盖尔在台上的发言，还是我作为听众对这些话的理解，都不是为了反对性。我们只是在说，我们的孩子会受到色情内容泛滥的影响。而且，这种泛滥还会逐步渗透，最终体现在孩子们的言行举止中。于是，他们在网上和现实生活中都会不断地看到这些东西。无处不在、直白露骨的色情内容大大推动了主流文化的色情化，这一点反过来又让色情内容变得更加极端，如此恶性循环。

我和一群儿科医生一起走出会场，我们都深感震惊。当时是午餐时间，但所有人都没有胃口。为什么我们都没有发现这个问题？难道盖尔夸大了色情内容泛滥的程度？还是说，它就发生在我们眼皮子底下，我们却没有看到？这45分钟的演讲令在场的许多医生大受触动，也永久地改变了我的观念。我的孩子们当时正在上中学，盖尔的演讲让我不禁对时下色情内容的泛滥忧心忡忡。

我有很多疑问，却又不知该从何处下手，于是就在身边的人群里做了一番非正式的调查。我开始跟青少年打听他们接触色情内容的情况，其中有我的患者、有我教的孩子，也有我自己的孩子的朋友（是的，我也找他们谈了！但出乎意料的是，他们谈起这个话题来滔滔不绝，好像有人问起这件事让他们感到如释重负），结果发现，十几岁的孩子几乎都看过某种形式的色情画面。一些孩子与朋友交换自拍裸照，另一些孩子则看的是完全陌生的人的。大多数孩子并不会访问"色情中心"等类似网站，但也有一些孩子会去看，而且所有孩子都知道这些网站的存在。他们对色情画面的体验各不相同，但各自都以自己的方式将色情内容描述为互联网时代的副产品。随着孩子们拥有智能手机的年龄越来越小，学校也要求他们在网上完成家庭作业，所有孩子都昼夜不停地在网上游荡。于是，很多孩子（或许大多数孩子，有男孩也有女孩，有有过性行为的孩子，也有从未有过性行为，甚至对性一无所知的孩子）就会不可避免地撞见各种各样的色情内容，从含蓄的到露骨的，应有尽有。正如盖尔所说。

需要注意的是，我并不指望所有孩子都跟我百分百说实话，这毕竟是个既尴尬又敏感的话题。我经常跟孩子们面对面交谈，身为儿科医生的我接受过这方面的训练，这也可能是我喜欢这份工作的重要原因。但即便如此，回答这样的问题仍旧不是一件轻松的事。几乎所有孩子都表示自己或多或少地接触过色情内容，这说明问题非常严重。如果把反馈不足的因素考虑在内，那么问题更加严重。

我想了解孩子们接触这类画面的途径，以及看到这类画面的小学生、中学生和大学生是否主要为男性。简单地说，男孩在比例上确实占优，但具体情形仍旧比较复杂。在我调查过的孩子（其中有男孩也有女孩）中，少数孩子承认自己经常主动搜寻色情内容，但大多数孩子告诉我，那些色情内容其实是不请自来的。这种情况经常发生，特别是在他们为了弄懂某个不相关的问题而查找信息时，例如，想要得知某个词语的意思，想要了解某个身体部位，或是想要探寻某条传闻背后的真相。还有一些孩子甚至并没有想要探寻什么，他们只是不小心在搜索栏里打错了字，在无意中点击了某个广告，或是在即时通信工具中看到了一张裸体图片。不管怎样，色情内容最终还是呈现在他们面前。对于这类色情内容，男孩和女孩接触它们的容易程度并没有什么差别。

实际上，当我问有多少孩子在20岁前看过色情片时，我的受访者们一致回答，几乎所有孩子都看过。相关研究中的数据并没有这么夸张，我见过的最高的统计数据是，80%的女孩在20岁前接触过色情内容，男孩的这一数据为97%。但是，从统计学上看，这么高的比例已经与"所有"相差不远了。不过，有趣的是，经常浏览色情内容的孩子并没有那么多。看过和经常看之间有很大区别，但许多研究并没有考虑这一点。而考虑了这一点的研究表明，在经常浏览色情内容的孩子中，男孩的比例远高于女孩。例如，在一项调查中，只有8%的女孩表示被色情内容所吸引，男孩则几乎三倍于此（23%）。

性别差异

男孩与女孩的这一不同让我感到非常吃惊。女孩对色情内容的抵御能力似乎更强，就算看到了往往也不会耽误她们去做别的事，而男孩更容易被色情内容所吸引，不是每次看得时间更长，就是要看许多次。也就是说，并不是男孩比女孩更容易发现色情内容，显然女孩也会发现；并不是女孩不会去搜寻色情内容，有些女孩也会这样做；并不是色情内容不影响女孩，这种影响当然存在。只是色情内容对女孩的影响与对男孩的影响不一样。至少，从我对生活在南加州一隅的孩子进行的非正式口头调查和一些已经发表的小规模研究来看，情况就是如此。心理治疗师经常谈到创伤性记忆的再现，而虽然我调查的男孩常有这样的经历，我调查的女孩却往往不是这样。这一点表明，对女孩来说，由色情内容所引发的创伤可以通过其他方式来疗愈。当然，我完全明白，并非所有的女孩都是这样。

我对身边孩子的非随机样本研究并不科学。而且，我调查的女孩有可能严重低估了色情内容对她们的影响或她们对色情内容的兴趣。也许，她们只是讲了她们认为我想听的东西。不过，在我看来，她们所说的仍旧表明：男孩和女孩对色情内容反应不同，根子可能在针对这一问题的谈话上。我问过的所有女孩都表示，她们从小就生活在鼓励对话的环境里。早在她们十岁出头，发现身体开始发育时，她们就跟父母开启了了解身体的谈话。大多数女孩都告诉我，因为她们很容易获得信息，而且每一次谈话都能得到积极的回应，所以她们能毫无顾忌地想问什么就大声问什么，能使用正确的解剖学语言，也能在提问时不被羞耻所困扰。她们认为，正是大环境面对青春期的这种态度，使得她们能够与色情内容保持距离。因为，她们无须独自去搜寻答案，也不会认同色情内容中常有的那种把女性视作受害者、性奴或发泄工具的观念。[①]这些女孩不知道的是，她们已经证明，谈话是抵御能力的重要来源。

不过，这些女孩也并非完全不受色情内容影响，因为确实有不少女孩在网上浏览这类内容。研究表明，与25岁左右的女性相比，20岁以下的女孩浏览这类内容的概率高得多。不仅如此，不管是否浏览色情内容，所有这些女孩也都处于性爱活跃期，她们真切地知道色情内容对亲密关系的影响（例如，接受肛交、性虐，让男性在她们身上射精和拍摄性爱视频，不一而足），许多女孩也坦陈自己曾这么做过。但是，这些尚在成长阶段的女性并未提及她们沉迷于色情片，至少在我的小范围抽样调查和相关的少数正式研究里是如此。

与此相反的是男孩，他们似乎确实经常看色情片，至少比女孩看得更多，可他们并没有谈论相关话题的习惯。顺便提及，他们的父母也没有这样的习惯。这个世界对他们的沉默习以为常（你是否经常听到有父母哀叹："我家有个青春期的男孩，所以我自然对他的生活一无所知"），许多父母也对此推波助澜。而且，在进入青春期后的前几年里，男孩一般都不知道自己已经处于青春期，这一点也会让情况变得更糟。10~12岁的女孩越来越健谈，而同龄的男孩越来越沉默。刻板印象的存在往往不是空穴来风。我调查的男孩非常认同这一概括，大多用点头或一声"是"来表示赞同。

男孩在色情内容上的问题是这么来的：男孩进入青春期（睾酮分泌开始激增）的平均年龄是10岁（黑人为9岁），而美国儿童开始拥有智能手机等移动数字设备的平均年龄也是10岁。随着睾丸逐渐长大，男孩会迎来新奇的体验（梦遗）和感觉（被异性所吸引），进而心生

①需要强调的是，显然并非所有女性都能做到这一点。反例比比皆是。许多受害女性深受这种观念或兜售这种观念的施害男性的影响。我认为，谈论身体的变化或许能推动一场运动来打破这一模式。

困惑。有问题是吗？正好问谷歌（Google）！我调查过的许多男孩就是这样在无意中接触到色情内容的。**只要轻轻一点，男孩就可以去了解那些他们无法大声询问的问题，甚或未曾想到的问题。**

在我自己的小规模调查中，几乎所有孩子，不论性别，都表示，由于谷歌速度快、搜索结果丰富，找到色情内容轻而易举。他们尤其喜欢使用极为高效的谷歌图片搜索功能，只要轻轻一点就能看到长长的图片列表。这些孩子纷纷向我解释，如果可以通过几十张图片快速锁定想要去的站点，那么谁还去用只显示文字、每页只提供少数链接（链接里还有更多文字）的搜索功能呢？这就是谷歌搜索与谷歌图片搜索的区别。顺便提及，对成年人来说，如果你还没有用过这种方法搜过特定的信息，例如，选用什么样的餐椅，哪种电池包装最超值，或者如何去除血迹，那就真该尝试一番——我们的孩子已经在这样做了。另外，如果你还没有发现这种方法，那就说明，你至少已经落后了十年。当然，谷歌并不是色情内容唯一的来源。据孩子们所说，"油管"页面边缘臭名昭著的推荐视频、"快聊"（Snapchat）的广告页面、"照片墙"（Instagram）的赞助内容等几十种（尽管实际数字可能是几百种）广告引擎里充满了性感画面，鼠标一点即可访问。我的受访者全都亲身经历过这些图文信息的轰炸，许多孩子更是饱受冲击。

本书的论点是，青春期从根本上改变了孩子跟我们的说话方式，以及我们跟孩子的说话方式，这一转变有利于健谈者（通常是女孩），而明显不利于沉默者（通常是男孩）。谈到对色情内容的抵御能力，男孩和女孩在谈话方面的表现可能正是关键所在，因为那些能够大大方方地谈论身体话题的人——女孩——同样是那些看似能够主动关闭色情内容的人。也许，她们不需要色情内容来"教育"，因为她们原本就拥有优质而近便的受教育途径。也许，她们看了那些内容，并且与父母讲了她们看到的东西，父母随即就为她们做了正确的解读。我可以想出十几个理由来解释，为什么女孩对色情内容的抵御能力看似更强。我们需要开展进一步的研究，但我愿意打赌，这一点与沟通渠道的畅通关系密切。

两代人的信息鸿沟

听了盖尔的报告并与青少年和大学生交谈后，我才如梦方醒。为了让其他父母了解这一事实，我开始与他们分享我所掌握的情况。除少数人外，多数人都对我说的不以为然。

父母们对我介绍的情况将信将疑，因为我们这些做父母的也整天整夜地上网，而我们并没有见到多少裸体画面。所以，我们的孩子们怎么能见到那么多裸体画面呢？不过，我还是继续解释，并且建议他们注意屏幕上弹出的广告；放慢浏览速度，关注动态消息里的广告；设身处地地想想孩子们可能会搜索些什么，并尝试一番。身为成年人的我们很可能不会去点击这些东西，甚至对它们视而不见，因为我们知道那里会有什么。可我们的孩子呢？他们激素水平飙升，对性的好奇心大增，还身处出了名的爱冒险的青春期，所以他们一定会上钩（顺便提及，这一点还会导致他们受到更多诱惑，因为搜索引擎知道用户在寻找什么，并主动提供相关信息）。他们做事不考虑后果。坦率地说，就算他们考虑，他们也很可能不知道这些诱饵会把他们带到哪里去。所以，他们就会按下鼠标，打开色情网站浏览，至少我调查的许多孩子就是这样讲的。他们可能会浏览一小会儿，也可能会浏览更久。其中的部分孩子，特别是男孩，还可能会多次反复浏览，因为那些画面让他们感到非常刺激。毕竟，那是色情内容！背后是一个价值数十亿美元（有人估计它的市场容量高达970亿美元）的在线产业！

问题的关键是，哪怕他们知道自己不应该看，可他们还是会看。哪怕那些画面渲染暴力，让人害怕、恶心、远超发育阶段，可它们还是能让孩子们（特别是男孩）兴奋异常。他们也会因此觉得尴尬，紧接着，这种尴尬又会迅速转变为羞耻。我调查过的大部分男孩都说，偶然遭遇色情内容后，他们不知道该如何与父母或者朋友谈论这种事……而他们都会偶然遭遇某种形式的色情内容。

我已经记不清这些年来接到过多少开口就是"老天，你说得没错"的电话。

我了解得越多，就越是感到愤怒，因为这一切都不是偶然的。色情业并非只以中年男性为目标，不小心才招引来几个掉队的男孩。不是这样。吸引年轻用户长期来看利润丰厚。大多数人都知道，青少年和20多岁的年轻人的大脑正在发育中，他们更容易受到各种刺激的影响。创作和发布色情内容的人也知道这一点。简言之，与成年人相比，孩子们更容易对外物上瘾，例如尼古丁、游戏和色情内容（我们会在第9章里进一步讨论儿童成瘾话题）。因此，如果某个网站得到了年轻人的青睐，它就更有可能让他们多次重复访问。大多数孩子没有多少钱可以花，即使有钱，他们也早已习惯浏览占主导地位的免费内容，所以色情行业也为他们提供免费的入门性内容。这种标准的先赔后赚经营策略将用户吸引过来，让他们沉浸其中，直到他们的大脑开始渴望更多、更刺激、更新奇的内容，那时网站就开始收费了。

所以，我们的孩子们浏览色情网站并非偶然。盖尔多年前就解释过，我也完全同意她的看法。我并不是要为父母开脱责任，但如果你家的男孩上网浏览色情内容，那么这在大多数情况下既不是你的错，也不是他的错。这是一个精心设计的圈套，目的就是吸引你的儿子，并且把他拴在上面。如果他找不到人来和他谈论他所看到的东西，结果就更会是这样。

在色情文化中长大的直接后果是，这些画面会影响孩子们的性爱观念，重新定义什么是美，重塑性爱想象。我们不知道他们在屏幕上看到了什么，不知道当我们的孩子与异性单独相处时，那些东西会产生什么影响，也不知道他们会在性爱经历前做哪些准备（许多孩子会动用剃刀、脱毛蜡，甚至能够永久脱毛的激光技术去除所有阴毛，这毫无疑问是受了色情内容的影响）。即使我们在理智上知晓，色情内容中包含大量强迫和暴力成分，我们也仍旧无动于衷，不知道我们的

谈论与色情内容有关的话题时需要说些什么

有些父母担心他们会因为与孩子谈论过多且过早而受到他人指责，而另一些父母的担心恰好相反。我们应该放下对他人评判的恐惧，只专注于我们想要实现的目标——让孩子知情。在与孩子谈论关于性的话题时，你需要跟他们交流以下几点。不过要记住的是，你有很多时间来做这件事，因为你需要持续多年反复进行这类谈话。

让孩子注意安全。你要清楚地告诉他，性爱中不可以有暴力和强迫。你需要把相关的词语解释清楚，因为它们的含义可能远比你想象得宽泛。

了解涉及儿童色情的法律。这些法律是严肃的，不是闹着玩的。孩子们可能会说，他们认识的所有人都曾发送过裸照，或是接收过其他孩子发来的裸照，也没有谁因此进监狱。虽然他们说的很可能是真的，但受到法律制裁的例子也有很多，彻底改变了许多好孩子的生活轨迹。你可以上网查查，这些案例足以说明问题的严重性了。所以，我们要了解孩子学校当地的法律。你可以跟孩子谈谈，为什么学校可能不愿意因为某个色情短信丑闻而发起诉讼。但他们可以这样做，而且有些学校确实这样做了。

制定有人向他索取裸照时该怎么做的预案。这类要求几乎无法避免，所以要提前准备预案。帮孩子找到某种可以避免难堪的拒绝方式。我听说，有些孩子通过发送不相关的图片来回复索求。还有许多孩子不回复，这也是一个很好的策略。此外，你还要让他知道，一些社交媒体应用程序承诺图片能够阅后即焚，但图片也很容易被截屏、保存和转发。大多数孩子都很清楚这一点，但提醒他们也没有坏处。

制定收到裸照时该怎么做的预案。这一情形也很难避免。最好的做法是立即删除。我一直告诉我的孩子，如果我在身边，他们绝对是可以拿给我看的，但留存这种照片是违法的，它们在手机里留存得越久，被抓住的风险就越大。也就是说，收到裸照后要立即删除，我不需要看到裸照来确认这种事的发生。此外，我们还要用严肃的口吻反复提醒他，永远不可以转发这种图片。

讨论勃起功能障碍。如今，这个问题已经非常受人关注。如果不浏览色情内容就无法达到高潮，那么男孩子在性爱当中就有可能难以勃起或难以持续勃起。在向我讲述这种情况时，男孩们显得既担心又难为情。如果你把事实告诉他们，那么将来要是遇到这种情况，他们就更愿意与你交谈。或者，他们也可能会告诉你，这种情况已经发生了。如果你实在不知道该怎么说，网上也有一些相关的资源。你也可以找儿科医生帮忙。

女儿正面临着越来越大的被虐待风险，而我们的儿子认为这么做没什么问题，或者至少是可以接受的，甚至认为本来就该如此。随着色情内容正在向这个大方向转变，随着浏览这些内容的孩子越来越低龄化，他们学到的将会是，暴力是性爱的组成部分。也就是说，浏览色情内容的女孩明显更有可能成为被虐待的对象，而浏览色情内容的男孩更有可能成为虐待的实施者。

我从未见过哪个父母不希望孩子长大后能拥有互敬互爱的夫妻关系。这当中自然包括孩子未来或当下的性生活，可我们这些做父母的羞于谈论这一话题。我们希望孩子们拥有积极正面的性生活（我们自己也需要！），但浏览色情内容会让孩子们把性爱与痛苦、残忍或强迫联系在一起，这与我们想要达到的目标是背道而驰的。而与孩子们谈论这一切才可能让这一目标得以实现。

除非我们告诉孩子真相，否则他们不会了解，他们在屏幕上看到的那些情节是虚构的。因此，我们必须跟孩子谈论这一话题，不管我们是否认为孩子看过那些东西。在这一章的末尾，我为你总结了很多关于如何做到这一点的提示和建议。不过，问题的关键还是保持沟通渠道畅通。这样一来，当他们接触色情内容，或者至少想要谈论相关话题时，他们就会想起你。

交换裸照

你可能会觉得，要谈的内容实在太多了。你一定希望，这一章写到这里就结束，但我还有话没有讲完。好在，由于我们都需要看到一线希望，所以我接下来要讲一条好消息：面对色情产业的诱饵，许多孩子并没有上钩。有研究显示，11～13岁的男孩中有一半会浏览色情内容，这意味着，另一半没有浏览。另外，偶然浏览一次和经常浏览也非常不同，但许多研究并未明确区分这两种情形。我这么说并不是要淡化这个问题，而是想强调：虽然很多孩子都接触过色情内容，但频繁浏览这些内容也不是长大成人绕不过的坎儿。

不过，问题仍然存在，这些绕过"色情中心"等众多色情网站的孩子并非完全与世隔绝。实际上，他们还须面对除色情网站之外的另一大色情内容来源，那就是来自互联网用户的裸照。而且，事实证明，交换裸照的行为远比观看色情视频更为普遍，特别是对儿童来说。由于仅"色情中心"一家就声称每天接待逾9200万浏览者，可以想象，交换裸照的做法有多么普遍。

什么？你不相信？那就去问问孩子：你有没有给别人发过，或者收到过别人发来的裸照？有没有人跟你要过裸照，或者你有没有跟别人要过？你认识的人中有没有人遇到过这种事？这些问题，我已经问过很多年，而且还在我教的学生中继续问。几乎所有孩子都表示，他们在初中毕业前有过这类经历。裸照有很多种叫法，例如，果照、羞羞照①。即使是小学六年级的孩子，他们也异口同声地给了我肯定的回答，尽管这个年龄段的孩子大多只是知道有人被他人索取过裸照，而他们自己并没有遇到过这种事。可是，我们这些做父母的在12岁时需要为这种事感到困扰吗？那时的我们需要考虑有人索要裸照时该怎么回应吗？

虽然裸照与"色情中心"里的那些画面颇为不同，但它们都是色情文化泛滥的表现。孩子们能说出许多发送裸照的人，他们当中既有孩子仰慕的人，也有学校里的其他孩子（问问孩子就会知道），这就

---

①发"裸照"（nudes）酷似发送"色情短信"（sexting），后者源自"性"（sex）与"短信"（texting）的组合。但色情短信暗指文本形式，所以，我使用了"裸照"一词，它可以通过短信发送，但往往也会在各种社交媒体平台分享。顺便说一句，孩子们也在用这个词。他们是在各种图片和画面的包裹下成长起来的，所以自然会这么做。但是，我们需要提醒他们，不仅发裸照是违法行为，发送文字形式的色情内容也是违法行为。

会导致一些孩子有样学样。关键在于，虽然成年人能通过自由地交换这类图片来获取他们想要的东西——名、利或他人的短暂关注，孩子们却不能。任何未成年人的裸照都属于儿童色情制品，与之相关的各种行为均属犯罪。哪怕照片是自愿拍摄的，或是主动自拍并自愿分享的，也仍旧属于儿童色情制品。所以，虽然社会环境怂恿孩子们（包括女孩和男孩）这样做，但后果可能会非常严重。比方说，一个女孩喜欢一个男孩，而对方向她索取裸照，这种要求在调情阶段十分常见。如果她拍了照片，那么她所做的就是制作儿童色情制品。如果她把图片发给男孩，她所做的就是传播儿童色情制品。而如果她把男孩发来的裸照保存下来，她所做的就是占有儿童色情制品。这是三种不同的犯罪行为。

制定这些法律原本是为了保护儿童免受成年人伤害，阻断儿童色情制品的制作、传播和非法买卖，但这些措施也有副作用。如今，手机都有摄像头，也都装有社交媒体应用程序，有些应用程序还保证信息阅后即焚，这种大环境导致触犯法律的往往是孩子们自身。交换裸照是个大问题，值得专门写本书，或许我以后会写。但是，由于这一现象是色情内容泛滥的直接后果，所以我此刻无法跳过它。我打算暂且放下法律方面的讨论，先简要谈谈这一现象所导致的社会后果。

大部分女孩只是想把胸部放进画面，于是女孩的裸照通常是上半身的快速抓拍。有的女孩也会发送全身照，但不少女孩（特别是年龄稍小的）只会掀起上衣，按下快门，不经编辑直接发送，全程只有30秒或更短。许多女孩并不特别在意自己的样子，我觉得这一点很有意思，她们每天通过"快聊"等社交媒体应用程序发送的绝大多数照片都证明了这一点（照片拍得非常随意，还常常模糊不清）。问题是，很多时候，裸照是一时兴起仓促拍摄的（至少青少年的裸照是这样）。女孩们没有考虑照片里可能会出现自己的嘴唇、下巴、脖子、雀斑、头发颜色和首饰等可以识别的特征。如果女孩把照片发给了真正喜欢她（但父母们一般不这样认为）的人，似乎也没什么大不了，但假如那个人把照片转发给了别人，问题就严重了（孩子和父母往往都这么认为）。因为，裸照中的女孩常会被人认出来。

与女孩的裸照一样，男孩的裸照也是兴起时仓促拍摄的，但两者有非常明显的差别：男孩们通常只是拉下裤子，从俯瞰角度按下快门。因此，画面中很少能见到可识别的特征。也许你能看到男孩的腿和脚，甚至能看到他的肚子，但你有几次能十拿九稳地认定，这就是隔壁班的吉米？

交换裸照的行为十分普遍，参与其中的孩子数目之众，令人震惊。不过，这种事对男孩和女孩的影响完全不同。裸照都可能被转发，许多裸照确实也被转发了。但是，由于照片中的女孩更容易被人认出来，所以她们受到的影响大得多。而男孩就不是这样。这似乎是男孩的一大优势，好像形势终于对他们有利了。但我并不这么看。事实上，我认为，男孩裸照的匿名性似乎更容易让他们麻痹大意，造成严重后果。也就是说，虽然男孩发送裸照一般不会造成什么不良影响，但这一点也会让他们肆无忌惮。如果做这种事畅行无阻，那么很少会有孩子主动拒绝由内啡肽激增所引发的欣快感。你只需花五分钟研究一番，就会发现，不少男孩都因为手机里的裸照而被学校开除，扣发奖学金，甚至遭到起诉。女孩更容易因为被人认出而承受相应的后果（这种事也可能发生在男孩身上），而男孩更容易因为占有、传播，甚至出售裸照而遭受惩罚（同样，这种事也可能发生在女孩身上）。这两种后果都让人心痛。

我开始认为，交换裸照对青少年的影响与浏览色情内容一样大，从某些方面讲甚至更大。除造成法律后果外，裸照还会损害个人名誉，充当霸凌和勒索的手段。裸照不仅让孩子们对性爱有了直观的印象，还把个体的性爱行为公之于众，而这是违法行为。

如何防止孩子接触色情内容

如果我知道答案，我就没必要写这一章了。但我有两种方法可以将这种可能性降到最低，可惜这样做的人并不多。

首先，**晚上一定要把电子设备从孩子的房间里拿出来。**有没有感受到我说这句话时的强烈语气？很好。多年来，儿科医生一直在强调这一点。他们通常说的是，把孩子们与电子设备分开能让他们睡得更香。但是，这么做对防止孩子浏览色情内容和交换裸照同样有用。时间越晚，孩子们就越有可能在房间里做这类事情。虽然这类活动也能发生在中午，但确实更可能发生在午夜。独自一人在房间让他们拥有了隐私，而夜晚又让他们的内心蠢蠢欲动……结果会发生什么是不言自明的。因此，你要养成晚上给所有电子设备充电的习惯，例如，手机、笔记本电脑和平板电脑。不论是什么，统统拿到卧室之外的公共区域充电。这样过一段时间后，孩子们经常对我说，他们喜欢这么做，因为这样一来，他们就彻底没有机会接触电子设备了。若非如此，他们还可能反过来责怪你。

其次，**跟孩子聊聊关于色情的事。**这是这一章的重点。这么做不仅能预防孩子自己去搜寻色情内容，还能帮助他们正确理解他们所看到的东西，因为他们能及时地来找我们答疑解惑。同时，这么做也能让我们这些做父母的更加了解他们所面对的与过去迥异的外部环境。如果你不放心，就去找孩子聊聊，同时用心倾听。

我在这一章里同时讨论两大爆炸性话题是有原因的。顺便说一句，祝贺你看到了这里（这两大爆炸性话题就要讲完了！），因为不论是网上露骨的色情内容还是交换裸照，其爆炸性都足以让你深深怀疑自己或想要扔掉这本书，或是两者兼而有之。但是，这两大话题尽管令人心惊胆战，但也十分重要。而且，二者都关联着一个关键的话题——同意原则。

同意原则

同意即许可。例如，"是的，我想跟你上床（或者沙发、汽车后座……）。"具体说来，在很长一段时间里，同意的意思是"如非拒绝则同意"。但出于种种原因，这种解释在今天看来已经完全不合时宜。如今，同意仅代表对特定性爱方式的许可。例如，"是的! 我想跟你一起做我们正在做的这件事。"

更麻烦的是，尽管随着时间推移，同意的所指正变得越来越具体，但也会因你所在地区的不同而不同，可能涉及，也可能不涉及性交。在这个问题上，全国没有统一的规则，各州的认定也有所不同。也就是说，对于某人在特定情形下以特定方式接触另一个人，有的州可能会认为这么做已经征得了对方的同意，但隔壁的州可能不这么认为。

为了解决这个问题，许多大学制定了更为严格的规则，即**明确同意原则**。有的明确同意原则甚至规定，性爱行为中的所有动作都需要征得对方同意。例如，"是的，你可以摸我的左肩。现在，是的，你可以摸我的右肩。是的，我们可以接吻。"明确同意原则引发了大量口水战。父母们在具体案件中针锋相对，为让孩子得到有利判定而吵成一团。不论你认为这类标准是否公平，明确同意原则直接影响的只是已经上大学并存在身体接触的较大的青少年和20多岁的年轻人。它只适用于身体有真实接触的性爱行为，不适用于通过屏幕进行的性爱行为。

让孩子了解同意原则

如果我们早在孩子尚未涉及性爱话题时，就让他了解同意原则，那么等到这种事真的发生时，他们对这一原则的印象就会更加深刻。这种提早好几年的教育，能够让孩子形成更加牢固的肌肉记忆。以下是我的几条建议：

引导孩子尊重他人的界限，而不只是他人的身体。谁都不能不征求他人同意就拿走属于他人的外套——这与性爱领域的同意原则异曲同工。

让孩子知晓社会生活中的权力关系。例如，权力在企业、学校和政治组织中的分配。让孩子了解，如果一个人对另一个人拥有权力，那么同意原则的运用就会变得更加复杂。表达"可以"或"不可以"与自由意志的实现紧密相关。

告诫孩子保持谨慎。如果不清楚别人是否愿意，那么就要谨言慎行，以免伤人。这条建议也适用于父母。

这类同意原则既不适用于浏览色情内容，也不适用于交换裸照。尽管这两种行为非常不同，但都属于最常见的性爱体验。这些体验不仅远早于大学阶段，还常常给孩子们留下这样的印象——同意原则并不重要。如果有人在色情片中出镜是被迫的，那么影片的制作人就违反了同意原则（但我们很难知晓具体情况，例如演出者是不是拿了钱）。或者，如果强迫原本就是剧情的组成部分，那么也会违反同意原则（这种情况严格讲并不违反同意原则，但这类剧情显然向观者传递了这样的信息——没有同意作为前提也是可以的，这一点甚至让情节显得更加刺激）。再说交换裸照。如果照片未经许可而被分享，那就违反了同意原则。分享裸照的行为或许看似并不严重，但事实并非如此，与此相关的惨痛教训已经屡见不鲜。全国那么多学区，哪个没有因为色情短信丑闻而焦头烂额呢？总之，浏览色情内容和交换裸照这两种现象在初中和高中的普遍存在只会让孩子们忽视同意原则的重要性。

那么，在涉及性爱的领域，什么事情可以做？什么事情不可以做？①性爱活动的后果应该因为发生地（例如，发生在某个州，在大学校园，或者在网上）的不同而不同吗？一些规则应该区别对待18岁以上的孩子吗？未满18岁的孩子，应该受到制定时原本就把他们视作受害者而非肇事者的相关法律法规的制裁吗？互联网在其中扮演什么角色？色情网站有责任限制未成年人访问吗？（我认为有！）它们有权存储和传播渲染暴力和犯罪行为的内容吗？搜索引擎和社交媒体网站又负有哪些责任呢？自由表达的边界在哪里？父母们何时才能意识到这其中的危险？

情况就介绍到这里。此刻，你一定知道我为什么要带你了解这些信息，对吗？因为，如果让孩子安全和健康是我们这些父母的天职，那么我们就必须了解实现这一目标的障碍。从自拍裸照到色情电影，形式各异的色情内容都会让我们的孩子承受身体、社交、法律和心理风险。这是一个我们从未意识到的重大养育话题。现在，它已经浮出水面。

由于青春期和性是两个完全不同的话题，但两者之间又存在千丝万缕的联系，所以，从整体上看，对于如何与青春期孩子谈论性的问题，家庭、学校甚至卫生保健机构都有些手足无措。同时，色情内容又让这一问题变得更加棘手，因为那些画面不仅充满暴力、过于真实，而且这种内容哪里都找得到。就在几年前，中学生和色情内容似乎还风马牛不相及，但如今已如影随形。

---

① 在中国现行的法律中，性同意年龄是14岁。——译者注

这种色情文化泛滥的现状为父母提出了一个课题，即用信息武装自己，与时俱进，同时与孩子交谈。我们在与女孩谈论关于性的各种话题方面表现还不错，但我们还可以做得更好。相比之下，在与男孩谈论所有这些话题时，我们就显得非常笨拙。这些话题有性、色情内容、同意原则、安全，以及几乎所有男孩都在屏幕上看到过的各种错误行为。如果我们还不就此敞开沟通的大门，他们最终就有可能成为轻视同意原则的受害者：随时会做出违反法律或违背他人意志的事。

如何与男孩谈论色情这件事

如何与男孩谈论色情这件事并没有一定之规，这主要是因为，环境在不断变化。但是，如果你不谈，孩子的头脑就会被杂七杂八的声音占据，发出这些声音的既有三观不正的其他孩子，也有散播错误性爱观念的色情明星。而且，我们的孩子需要了解关于亲密关系、色情内容和征求同意的一系列规则，可这些规则往往与他们在屏幕上看到的那些画面相冲突。因此，现在就开始谈吧。

1.**现在就谈**！我强烈主张，这些话题越早谈越好。假如你家的男孩会用移动设备或电脑上网，那么你至少应该在他看到性爱画面之前就跟他讨论这件事。也就是说，如果他已经6岁或7岁了，你还在想，"他还太小，不适合谈这个话题！"，那么你也许就该限制他上网，并且收回相应的设备。

2.**已经晚了怎么办？** 尽管谈论健康与保健话题永远都不晚，但一些父母总是一心认定自己谈得晚了。所以，请允许我再次强调：与孩子谈论这些话题永远都不晚。如果你实在迈不过这个坎儿，那么就用这句话来开头，"我要是能早点跟你说就好了……"

3.开始时杜绝评判。你可以解释说，你刚刚读了一篇关于孩子看色情片的文章。你了解到，到初中毕业时，超过半数的男孩都看过色情片。而到高中毕业时，仍旧没看过色情片的孩子，不论是男孩还是女孩，就几乎没有了。所以，如果他已经看了，你也不会感到意外。你要在他愿意的时候随时跟他聊他看到的一切画面，回答他想了解的所有问题。接下来，你要继续发出谈话的邀请，直到他接受你的建议。同时，你还要加上一句，这个话题之所以如此重要，是因为他在网上看到的性爱画面很可能跟他未来拥有的性爱体验完全不同。具体的谈法有无数种，有效为原则。不过要记住的是，不要评判，不要羞辱。这是关键所在。

4.把握节奏。你当然可以一次谈个痛快，但最好能让谈话细水长流。例如，开启谈话后就静等孩子开口。你可以问一些开放性的问题，而不是那种只需回答"是"或"不是"的问题。谈话中的沉默有时确实尴尬，但我们有时急于解决问题，或是急于传达信息，却一股脑说了太多，超出了孩子的接受能力。注意孩子的反应，看他有没有沉默不语、翻白眼、走出房间……这些反应通常是比较明显的。另外，不要忘记，这种让你感到尴尬和不舒服的谈话还需要在很多年里多次进行，不可能一劳永逸！所以，不要一次让谈话的热情消耗殆尽。

5.使用解剖学术语！说阴茎、睾丸或肛门并没有什么不妥。事实上，如果你不敢讲这些词，而试图用别的方式说，你就可能会在无意中制造巨大的误解。它们不是"坏"词。而且，我认为孩子们也应该掌握相应的俗语。更重要的是，他们还应该知道什么时候不能用这些词，以及为什么不能用。语言和尊重这两个话题很容易结合起来一起谈。

第8章

男孩与美

没有付出，就没有回报

在我洛杉矶的家附近有一座很火的购物中心，里面入驻了许多著名品牌。其中有一片商区，你可以在那里见到"城市生活用品连锁"（Urban Outfitters）、"布兰迪·梅尔维尔"（Brandy Melville）、"维密"（Victoria's Secret）、几家鞋店（这里有跑鞋、滑板鞋、篮球鞋，就是看不到休闲鞋）和一家糖果店……那里的商家主要招揽初、高中学生，因而也是父母们所忌惮的吞噬时间和金钱的无底洞。

我清楚地记得，我女儿四年级时，有一天，我带她去逛了这家购物中心。当时是圣诞节，我们都穿着厚厚的外衣，气温只有15℃。按照洛杉矶的标准，这已经很冷了。我们逛了几家高档服装店，但里面卖的衣服大大超出了我女儿的年龄。突然，我女儿停下了脚步。我顺着她的视线，看到了一个几乎全裸的男青年。他至多18岁出头，如果不算头顶的圣诞老人帽，他全身就只穿了一条平角短裤，简直无法直视。阳光下的他一脸笑容，用满是肌肉线条的手臂招呼我们光顾"阿贝克隆比&费奇"（Abercrombie & Fitch）服饰店。我只是看着他就感到阵阵寒意，不过他的神情倒是舒适得很。

我记得，我当时低头看了一眼我女儿。我第一次发现，她被男青年的身体吸引住了。随即,我想到了她即将到来的青春期和青年时光。我开始担心她的约会和安全问题,以及整个社会对女性的物化。然而,我一点也没有想到我的儿子,而8岁的他当时正拽着我的手,站在我的另一侧。我心里只装着女儿,以及她在这个过度关注女性外表的世界中的成长,却没有考虑那个"准裸男"对我的儿子,以及对所有路过这家商店的男孩和成年男性的影响。我甚至没有想过"准裸男"自身如何看待这一切。当时的情形非常讽刺,因为我正盯着几乎全裸的他,而他这么做只是为了吸引眼球,这不也是一种物化吗?事后看来,我觉得当时的自己非常可笑。

不久之后,那个品牌上了头条新闻,因为它决意不再使用"光膀子"模特来为其店面吸睛。该品牌还承诺调低店内音乐的音量,淡化古龙香氛。他们这么做只是为了吸引年龄稍长的人群!那个品牌从未谈及关于男性形体的话题,以及男孩和成年男性所可能感受到的压力。该品牌名噪一时,又归于平淡。事后看来,我希望他们也能意识到自己的可笑。

可以看出,虽然男性一般都能敏锐地发现,女性在绞尽脑汁地追求美,但大多数男性完全没有意识到,他们也在承受同样的压力。爱美,似乎只是女性的天性。

此刻,我们应该清醒地认识到,男孩也很在意自己的形象。我们得来聊聊这件事。

"美"的各种标准影响着所有的孩子。因为这件事而感到自卑的不只女孩,男孩们也一样。虽然女孩们能自由地谈论自己的外形,我们也鼓励她们这样做,但在这件事上,男孩们几乎无法发声。女孩对自己身材的关注确实容易产生负面影响,例如,厌食症、暴食症等各种饮食障碍,但我们也不能错误地认为,男孩们就可以置身事外。在这一章里,我会像我们谈论女孩对自己身材的担忧那样,来讨论男孩对这件事的担忧。因为事实证明,男孩们也在遭受这种痛苦,这种情况并不少见。问题在于，与女性相比，男性所认为的"美"和由此产生的负面影响，可能会非常不同。再加上整个社会对男性求美之心的漠然，男孩们的挣扎极易被忽视。

"美"的标准

从理论上讲，只要饮食、睡眠得当，并且经常锻炼身体，几乎人人都能拥有一副健美的形体。但事实并非如此。这当中有很多原因，有食物因素（低质高量，以及含糖量过高）、运动因素（运动不足）、环境因素（人身安全、空气质量等等），以及经济因素（优质的食物和医疗保健服务都会耗费大笔资金）。我还没有提遗传，乃至睡眠不足。一个人的形体之所以是那个样子，个中原因非常多，需要逐一讨论，我们没法在这里展开。在这一章里，我们只讨论人对自己身材的看法。

对女性来说，理想的形体标准已经不止一种。今天，女孩们所纠结的"完美"至少有三种：分别是纤瘦的骨感美、健康的运动美和丰满的曲线美。虽然这三种美容易让人无所适从，但终归给了女性更多选择，使她们能够拥有，或者至少有望拥有"完美"的身材。这是好处。但这种审美标准也有坏处，而且不少。例如，这三种理想身材都苗条得不切实际，即便是丰满的曲线美也得配上一条纤细的腰。①

相比之下，男性的理想身材一如既往，少有改变。我的同龄人在20世纪70年代玩的大兵玩偶几乎跟那位"准裸男"毫无二致，至少

①女孩眼中的"美"有很多种，所以才有大量图书、博客和节目专门讨论这个话题。有人认为，随着人们对这个话题的关注度越来越高，人们对女性美的新看法也在不断涌现。可以肯定的是，在过去几十年里，女孩们对这个话题的讨论越来越多了，这是件好事。

脖子以下是这样。没错，男性也有瘦削的时尚造型。不久前，"老爸肚"①（Dad Bod）也曾风靡一时（但我似乎没听说有人用"理想"一词来形容"老爸肚"）。但不管怎么说，六年级男孩们口中那些完美肌肉男背后的原型一点也不新鲜，而这一原型进一步被随处可见的专业运动员、明星（以及影视剧和游戏角色）的身材所强化。同样一成不变的是，男孩们依旧不怎么谈论这件事。那些"完美"身材无处不在，却鲜少有人谈及这些基本无法实现的形象会在男孩们心中掀起怎样的波澜。

对完美身材的追求，孩子们从很小的时候就已经开始了。许多专家认为，这一年龄至多不会超过10岁。而你现在已经知道，10岁孩子多半已经跨过了青春期的门槛，还拥有自己的手机。我说的不只是男孩，而是所有的孩子，尽管大多数研究只调查了女孩。一些研究认为，孩子们早在六七岁时，就形成了评价他人身材的意识，而这一年龄恰好又是最早熟的那批孩子遭遇荷尔蒙激增和屏幕里的那些完美身材的时候。实际上，拥有完美身材的压力或许来得更早：在学龄前，甚至在孩子学会走路之前。这是因为，孩子一出生就生活在完美身材的海洋里，那些形体几乎遍布孩子目光所及之处：广告牌、杂志、图书、你的手机、我的电脑……孩子每天都能看到它们，因此，想要确定这一影响到底从哪天开始，是有点可笑的。说到底，从孩子出生的那一刻起，我们所喜爱的那些胖嘟嘟的婴孩儿，就生活在一个鼓动他们瘦下去的大环境里。男孩也好，女孩也罢，尽皆如此。

对于这样的现实，女孩大多有清醒的认识。许多女孩，甚至大多数女孩，已经能够看破她们面前的那些完美形象。十三四岁的女孩们虽然经常互发比基尼自拍照（往往用滤镜修饰过），但她们很清楚，她们整天见到的那些画面都做过哪些手脚。她们了解手机应用程序里

①对年轻时经常健身，后来稍有些啤酒肚的中年男性的身材的描述。——译者注

的各种滤镜，也熟知各种妆法、图片编辑软件和整形手术的底细。

然而，男孩们大多不解此"风情"，至少对尚未进入或正处于青春期的男孩来说是这样。尽管事实上，他们眼中的男性形象，包括同龄男孩的外形，也经过了同样的修饰。男性和女性都在使用那些能够遮盖青春痘、收细腰身和强化肌肉线条的应用程序。头发护理产品和营养补充剂，也在同时面向男性和女性展开营销。随着越来越多的男性开始接受植发、丰脸颊、丰臀、丰腿肚和缩胸手术，整形手术也不再是女性的专属。然而，我们往往只谈论女性美的标准多么脱离实际，却对几乎同样脱离实际的男性美标准视而不见。

许多女孩谈论她们的身材，谈论她们对自己身材的感受，也谈论这个世界如何在用不切实际的、不真实的完美女性形象来否定她们真实的自我，但大多数男孩却不会谈论这些事情。

于是，当我在中学课堂上谈到人对自己身材的看法时，讨论几乎总是被女孩所主导。她们畅所欲言，大肆向男孩们展示两性所受待遇的落差。只有在请男孩发言时，这些十一二岁的孩子（顺便提及，他们都已进入青春期，有些人比其他孩子高一头，嗓音也低一个八度）才开始讲述他们所感受到的巨大压力。许多男孩甚至说，直到老师在课堂上讲到这一点，他们才第一次意识到这个问题。他们解释说，与女孩们相比，完美身材带给他们的压力可能会更大，因为这种压力无法通过表达来释放。六块腹肌、完美的胸形、浓密的头发（或者溜圆的光头）、光洁的皮肤、整齐闪亮的牙齿、宽阔的肩膀、发达的肱二头肌、瘦得恰到好处……这些不切实际的标准难以尽数。大多数女孩从未想过，男孩居然也会有身材方面的压力。假如男孩们感受到这类压力，他们一般也不会向他人倾诉。听着男孩们的讲述，女孩们都瞪大了眼睛，感到非常吃惊。

你绝对想不到

男孩对自己身材的关注不只是一个话题，它施加给男孩们的压力是真实存在的，相关的统计数字可能会让你大吃一惊。

在十几岁的男孩中，三分之一会通过不健康的方式干预自己的体重（女孩的这一数字为二分之一），尽管许多男孩的目标是增重，而非减重。这种对"块头"的渴望，可能会促使他们服用副作用不明的增肌补充剂，甚至明知有害的合成代谢类固醇。稍后我会详细讨论。

男孩子也会罹患各种饮食障碍，而且发病率远超许多人的想象。我在医学院的时候就知道，10%的厌食症患者是男性。直到今天，从医学圈到养育杂志，这一数字也一直是10%。我最近才了解到，真实的数字高得多。在患有厌食症的孩子当中，男孩足足占了25%。事实上，在包含厌食症和暴食症在内的各类饮食障碍患者中，有三分之一是男性。也就是说，2.5%~3%的男性在一生中会患上我们以为只有女性才会患上的饮食障碍。更糟糕的是，男孩因罹患某种饮食障碍而丧命的风险还要高于女孩，因为他们的症状常常无法引起足够的重视。大多数父母、医生、教师等成年人都不会往那方面去想。因为我们一向认为，男孩是不会得这种病的。

在患有饮食障碍的男性中，我们需要特别关注那些为了运动项目的需要而减重的运动员，特别是那些有重量级别的运动（例如，摔跤、划船和赛马）和有审美考量的运动（例如，体操、游泳、跳水、舞蹈、滑冰和健美）。研究表明，从整体上看，从事这些运动的男孩约有三分之一会因为关注自己的形体而患上饮食障碍（女孩的这一数字还要高上一倍）。但是，除非你家的男孩正是这种情况，否则你绝对想不到会有那么多从事以上运动的男孩患上饮食障碍，因为我自己就没有想到，虽然我整天都在关注这种事。

在尚未达到饮食障碍的程度，却仍旧通过禁食或大量运动来减肥的孩子里，男孩占一半。是的，一半。但我们一般认为，只有女孩才会这么做。而正是因为这一原因，男孩也不大可能去寻求治疗。这并不是说他们没有意识到问题的存在，许多男孩意识到了，他们只是羞于去面对带有"女孩"烙印的问题。不到万不得已，他们是不会寻求治疗的。

就算男孩患上了饮食障碍，他们身边的成年人往往也对眼前发生的一切浑然不知。这些成年人完全看不到这些症状，反而认为他们正变得"越来越健康"。我们成年人经常错误地认为，家中男孩在生活方式和体格方面的变化意味着他们对自己的形体越来越自信，而不是越来越自卑。与此同时，这些男孩也同其他所有身处青春期的男孩子一样保持着沉默，而这让我们更容易忽视他们的极端做法。

男子气对男孩的影响

男子气既是情感上的，也是形体上的。在情感方面，男子气通常意味着深藏不露。这是因为，进入青春期的男孩常常会变得沉默寡言。他们处在从男孩向男人过渡的阶段，而男人是要能够独自承担焦虑、悲伤和脆弱的。表达愤怒、展示自信、发号施令也是传统意义上的男子气。而且，我们的社会已经在鼓励男性表达他们的脆弱、压力、痛苦和困惑……只要男性依然能够在一定程度上保留高大、强壮和阳刚等特征。总之，情感方面的男子气是多种多样的。

相比之下，形体方面的男子气明确得多，而且大体来说只有一点，那就是肌肉发达①。"阿贝克隆比&费奇"服饰店门前那些"准裸男"的

---

①我们来看 "男子气的"（masculine）和 "肌肉发达的"（muscular）这两个词，它们的前六个字母几乎是一样的，但稍有些词源学知识的人就会知道，它们并非来自同一个词根。不过在使用上，这两个词确实高度相关……

肌肉线条就是最好的代表。不过，这也不是什么新鲜事，古埃及、古罗马和古中国等古老文明中的绘画和雕塑人物也如出一辙。当时的艺术家们一定有真人模特来作为参照，他们的身体都在无声地呐喊：我是强壮的猎手！我是勇猛的士兵！我是完美的形体！我是卧推之王！古往今来，不论社会的成功标准为何，这种瘦得恰到好处的形体都与之相符。

这一切都说明，肌肉发达、富有男子气的理想身材的存在并非没有道理，它只是不完全合理，至少如今已经不再合理了。

瘦，是好事，不要误会我的意思。肌肉多也是如此。可想要增肌怎么就变成问题了呢？我们都知道，体脂率较低、肌肉较多的人往往更健康。可是，为了增肌而把肱二头肌拉伤还是好事吗？

这就是男子气的理想形体和真正健康的理想形体之间的区别所在。医生眼里的健康形体与内衣广告里的健康形体完全不同，但是，在男孩们看来，这当中的区别有时也并不明显。在医学领域，理想体重指对应于身高的特定体重范围，衡量指标为身体质量指数（BMI），即用体重（千克）除以身高（米）的平方。它能反映人的总体健康程度和患病概率。所以，我们自己或是带孩子去体检时才会测量这一指标。诊室里可没人在意我们的腹肌或臀大肌。

对医学界用身体质量指数来评价人体健康状况的做法，许多人抱有疑问，因为这一指标只采集了体重和身高数据，而没有考虑肌肉量、体脂率和心血管系统的状况。也就是说，身体质量指数正常的人也可能是不健康的。听说过瘦脂肪吗？确实有这回事。但是，尽管如此，身体质量指数仍然是目前医学界认可度最高的衡量标准。对大多数人来说，拥有理想的身体质量指数总比不拥有强。

然而，男孩们一开始所了解的"理想"形体来自超人等完美英雄形象。这一来自社会的形体观不仅跟身体质量指数毫不搭界，甚至跟体重也没有关系，完全看外表。

男孩们所感受到的"肌肉男"压力是无处不在的，它们既来自我们所能想到的各种渠道，例如，电视、电影、广告和明星，也来自我们或许并不知晓的途径——朋友。事实上，超过三分之二的男孩表示，正是同龄人让他们产生了对特定身材的渴望。除去身边朋友的影响，社交媒体也让他们感受到了来自同龄人的巨大压力。一些网站兜售完美形象（例如"照片墙"），另一些网站则允许孩子们向互联网抛出问题并收集大量匿名回复（如果你还没有听说过Ask.fm或Sarahah，那么就先把这一页折个角去看看吧）。朋友们的意见（这里是广义的"朋友"）最能影响男孩们对自己身材的看法，而他们如何理解这些意见，往往是我们在他们这样的年纪时完全无法想象的。虽然女孩们肯定也会在这件事上相互影响，但她们已经学会相互帮助，为对方打气。而男孩们报告的情况刚好相反，他们感受到了压力，却没有感受到关心。①

不论影响来自广告牌、电影明星，还是班上的至交好友（孩子往往同时受三者影响），一旦男孩们认识到完美男性形体所具有的价值，他们由此而生的向往之情就很可能会转化为行动。

男孩要增肌

研究者深入调查后发现，大约五分之一的男孩表示"非常在意"

---

① 根据英国广告业智库"信条"（Credos）的数据，23%的男孩认为存在某种理想形体。在2016年进行的"健康图景"（Picture of Health）行动中，该机构调查了8~18岁的男孩，询问他们是否知道许多照片是数码优化的结果，以及这一现象是否影响了他们的态度和行为。研究发现，在对自身外表的看法方面，朋友是头号影响因素和压力来源。不过，研究也发现，虽然与女孩相比，男孩更常与朋友谈论关于外表的话题以及他们对自己身材的感受，但是，因为害怕成为嘲笑或欺凌的对象，他们更常对自身的问题一笑置之。而对女孩来说，在朋友们谈到关于外表的话题时，她们更倾向于把自己所承受的压力宣泄出来。

自己的体重或体形。在这些男孩当中，半数希望拥有更多肌肉；三分之一希望自己更瘦些，同时肌肉更多些。但是，与同龄女孩不同的是，他们很少只把瘦当作目标。不仅如此，瘦还往往是他们的一大担忧。一些研究发现，多达25%的正常体重男孩认为自己太瘦，而多达90%的男孩是为增肌而去锻炼。许多父母对家中男孩的形体焦虑毫不知情，这一点是主要原因。西方文化已经习惯从女性的视角来看待这件事，把形体焦虑与减肥挂钩，所以，父母们常常看不到男孩在增肌和健身方面的欲求。

男孩们是如何做的呢？在青春期男孩中，至少三分之一（这一数据来自已经发表的研究，但我认为该数据严重低估了现状）最常采取的做法是食用蛋白粉或额外添加有蛋白粉的食物和饮料。由于这些产品质量良莠不齐，所以，我们有必要去深入了解。根据它们的加工程度、添加糖分的数量、所包含的添加剂（例如，增稠剂、维生素、矿物质、人工香精，甚至直接添加巧克力）和每日摄入蛋白质的数量，这些产品对健康既可能十分有益，也可能非常有害。但是，由于产品标签夸大宣传，它们究竟是好是坏往往难以分辨。而且，对于在儿童饮食中添加蛋白粉的影响，目前还没有相应的跟踪研究。因此，对于正在长身体的孩子，包括成年人，我在整体上的建议是，尽可能从天然食物中摄取蛋白质，至少要避免食用那些在超市货架上一摆就是三四年的蛋白质。我们的身体原本需要的是在地球上天然生长的营养素，所以，我对蛋白粉或蛋白棒完全不感兴趣。

此外，还有大约10%的男孩，会通过增肌药来强化胸肌和肱二头肌。这类药物有两种形式，其一是维生素或营养补剂，其二是处方药。我们先说处方药。处方药一般很难弄得到，除非有合法理由。所以，如果某个孩子只是想增肌，那么，儿科医生一般是不会给他开红细胞生成素或生长激素①等药物的。因此，想得到这类药物的男孩们只能求助于其他渠道，例如，运动队的队友、学校的朋友，以及正在泛滥成灾的能把药直接送到家门口的各种在线网站。这样一来，他们可能就会不清楚自己到底吃下了什么。这些药来自灰色地带，原本不是开给他们的。不论从哪方面讲，你都会发现，借助处方药来增肌对尚在成长的孩子十分有害。

如果换作无须处方即可购买的维生素或营养补剂，情况也好不到哪里去。虽然它们是从商店里买来的，似乎比从朋友、教练或网上弄到的那些正规得多。但是，由于它们只是营养补剂，所以不论是销售它们的商店还是生产它们的厂家，都不需要检查瓶子里到底装了些什么。它们的标签可能言过其实，可能该有的成分没有，不该有的却出现在里面，所标注的含量也可能与实际情形大相径庭。我差点儿忘了，不论是维生素还是营养补剂，它们都不需要进行任何安全试验！如果对于特定产品，消费者保护组织也没有提出这类要求，那么，孩子们购买它们的依据，就只是商家的单方面承诺。就算货架上的这些瓶子紧挨着大牌洗发水和足癣膏，结果也没什么两样。这种单方面的承诺无法提供任何保证。顺便说一句，所有的保健品在安全性和有效性方面都存在同样的问题。如果你要为自己挑选一瓶鱼油或维生素D，那么就要考虑这一点，只买做过安全试验的牌子。

还有一些男孩不惜为了增肌铤而走险，他们不再满足于蛋白粉或商店里售卖的增肌剂，而是使用**合成代谢类固醇**。这是一种黑市药物，虽然是增肌明星，但也最不常用，因为只有住在山洞里的人才不了解它的风险。然而，不幸的是，一些青少年似乎就是住在山洞里，

---

①那么，儿科医生在什么情况下会开这些药？红细胞生成素是一种造血剂。癌症患儿需要经常使用这种药，因为化疗会使他们的血细胞水平急剧下降。慢性肾病患儿，以及因某些感染而发生贫血的孩子也可能会用到这种药物。生长激素是给身材矮小、生长激素分泌不足等一切与身高发育不足有关的病症的患儿用的，目的是增加身高。

或是主动把头埋起来做鸵鸟。

合成代谢类固醇的危险副作用有：抑郁、易怒（例如，著名的"类固醇狂怒"）、自杀念头，以及心肌症等心脏疾患。这些情况我都见过。我还见过因为用了这种药而导致睾丸萎缩和阴茎缩小的人，因为合成代谢类固醇也可以引发这类副作用。在给男孩们上课时，我首先会指出这一点。这样一来，其他的话我通常就不必讲了。我还会提醒他们（我也要提醒父母们），合成代谢类固醇与用来治疗哮喘发作或炎症的类固醇完全不同。后一种类固醇是**糖皮质激素**，虽然它们可能会干扰睡眠或让人紧张不安，但它们并不会影响生殖器的尺寸。好消息是，只有大约5%~6%的男性会使用合成代谢类固醇，相当于每20个男孩里才有一个会在一生中用到这种药。与之相比，使用蛋白粉和肌酸的人要多得多。

最令人印象深刻的统计数据之一是一个汇总统计数据：为了拥有发达的肌肉，绝大多数男孩都愿意付出实际的努力，有些男孩甚至为达目的不惜代价。多项研究表明，在看到广告后，多达70%的16~18岁男孩会购买某种新产品，25%会以健身之名加大运动量，10%表示会考虑使用合成代谢类固醇来达到目的（只是考虑，不是真的去做，两者区别很大，但这一比例仍旧令人触目惊心），而12%会考虑接受整形手术（同样只是考虑）。这些数字十分惊人，原因之一在于，男孩们所回答的问题是他们可能会做些什么，而非确实做过什么。还有一个原因，由于男孩们所感受到的压力不仅来自外部世界，还来自身边的朋友，所以这些压力很可能被放大了。

担心儿子肥胖，却依旧保持沉默

不论是规劝孩子放弃过于激进的健身目标，还是提醒他们用健康的方式来瘦身，都是相当棘手的事。有的孩子同时存在这两个问题。我们无法忽视这样的现实：在美国，三分之一的孩子正一边饱受完美形体画面的冲击，一边与超重作斗争。即便完美形体无处不在，等这些孩子人到中年时，他们当中的超重者也还是会增加一倍（即三分之二的美国成年人超重）。

在如今的美国，近40%的成年人达到了肥胖的程度。[①]在世界范围内，这一数字低很多，但仍旧有13%。年龄越大，肥胖的发生率越高。有些人从学龄前开始肥胖，更多的人从小学开始肥胖。到高中毕业时，每五个孩子中就会有一个肥胖。如果再加上那些虽然超重却尚未达到肥胖标准的人，那么在20岁以上的人群中，肥胖与超重者的比例在美国就会达到70%，在全球范围就会达到42%。

体重超标是不健康的，这一点没人怀疑。但是，不少父母不忍心指出这一点。父母们常常告诉我，他们想帮助孩子提升健康水平，减轻体重，却生怕事与愿违，伤及孩子的饮食习惯和形体自信。许多父母没有跟家中的女孩提减肥的事，因为他们担心自己的话会让女儿患上饮食障碍；许多父母也没有跟家中的男孩提这件事，因为这就是他们与儿子的互动习惯，他们只是静悄悄地期待儿子能够长成他们理想中的样子。

不过，孩子的成长过程无法预知，他们何时开始长个子也人各不相

---

①儿童和成人的肥胖定义是不同的。对成人来说，身体质量指数达到或超过30属于肥胖（超重为25～29.9）。而对孩子来说，身体质量指数超过第95百分位数属于肥胖。这里容易引起误解，因为这听起来像是其他95%的孩子不属于肥胖，但事实并非如此。这是因为，这些百分位数所依据的参考人群往往过于理想化，脱离实际。所以，如果你读到，美国高中毕业生（或者与高中毕业生年龄相当的孩子，因为你无须毕业就可以被计入这一数字）的肥胖率为20%，那就说明他们当中的20%在身体质量指数这一指标上超过了第95百分位数，可是从逻辑上讲，达到肥胖标准的孩子所占据的比例只能是5%。我只能说，统计数字是非常复杂的。

同。有的孩子先长肉，后长个子。一开始，他们可能会比别的孩子长得敦实些，后来个子长高，身材才匀称起来。另一些孩子刚好相反，一开始长得像麻杆儿。进入青春期后，有些胖男孩可能会逐渐瘦下来，褪去他们的"婴儿肥"。可他们常常告诉我，他们没有信心保持住现在的身材，害怕又变回圆脸蛋和大肚腩。也有一些孩子身高、体重同时增长，但身材好的并不多见。还有一些孩子体重持续大幅增长，与身高增长不成比例。总之，不论他们的身材如何改变，大多数男孩都会在这一过程中、备感尴尬，甚至希望这一切从未发生。（如果你看着眼熟，那是因为所有谈论女孩青春期的图书都会讲到这一点。）

我们需要记住的是，男孩也爱美。他们清晰地知道，什么样的男性形体是完美的。每3个男孩中就有2个认为，只要足够努力，目标就能实现。但事实并非如此。而且，这一目标本身也不一定健康，特别是在目标过于激进的情况下。而且，就算目标健康，实现它的具体方式也可能背离健康。对形体的关注让许多青春期的男孩深陷自我怀疑当中，不论他们是高是矮、是胖是瘦。

没错，女孩们确实在为理想形体而挣扎。有些女孩的情况尤为严重，在身心两方面都付出了巨大的代价。可女孩们也知道，理想的女性形体并不符合实际。但男孩们对此却一无所知。为什么？因为我们不跟男孩谈论这件事，至少不常跟青春期的男孩谈。问题不在于有谁做错了什么，而在于我们的文化，在于我们只跟女孩谈论形体焦虑。

这样做的结果是，半数以上的男孩表示，他们很难主动与老师谈论他们对自己身材的看法，而近三分之一的男孩既无法也不会与父母谈论这件事。与此同时，绝大多数男孩都认为，完美的肌肉男形体是可以实现的，一点也不脱离实际。而一旦他们开始认识到，想变成那种样子有多么困难时，不少男孩就会愿意采取一些有害健康的方式来达到目的。父母们需要开始重视这个问题。形体焦虑只关乎女性的看法已经过时，它也关乎男性。

虽然青春期里的男孩不爱说话，我们也要努力去与他们保持沟通。我们可以问问儿子他们对广告牌和屏幕上的那些理想形体的看法。我们要提前跟他们谈论体重、相关的陈腐观念和饮食健康等各方面的问题，以防外界的声音先入为主。我们忽视男孩所承受的压力越久，他们就越会陷入孤立无援的境地。考虑到我们与儿子的谈话本就少于女儿，那么继续保持沉默就会是一件十分可怕而危险的事。

如何与男孩谈论形体焦虑

鉴于孩子们的平均形体距离健康形体越来越远，大多数父母必须在养育方面改弦易辙，至少也要改变一些观念，特别是在孩子身处青春期这一生理变化极为显著的阶段时。下面的建议不一定适用于所有人，但总会有一两条适合你：

1.扔掉体重秤。这一条不是谈话方面的建议，但之所以把它列在首位，是因为孩子们无须定期称量体重。如果他们有这个需要，那往往说明出问题了。

2.用"健康"一词代替"体重"。虽然体重也是健康的一个指标，但只关注这个指标几乎没有意义。如果有个人比我高一头，体重却跟我一样，要么是我太胖了，要么是那人太瘦了。即使我们谈论的是特定身高所对应的体重，我们所关注的重点也往往只是体重。

3.小心蛋白粉和蛋白棒。我认识的所有儿科医生，包括我自己，都建议孩子尽可能食用天然食物，规避加工食品。因为研究明确显示，这是最佳的饮食方式。我无法理解，为什么要给孩子，或其他任何群体，推荐可以想象得到的距离天然形式最远的蛋白质，除非这么做是治疗的需要。想摄入更多蛋白质？从平常的饮食中获取就可以了。

4.双倍小心营养补剂。有的营养补剂号称吃下或喝下它就能给你完美身材，如果你认为这种好事根本不存在，那么恭喜你，你的看法是正确的。人体的营养来源应当是食物。吃下或喝下那些营养补剂后，好的结果是它们穿肠而过，坏的结果是它们留在身体里面。特别是，你吃下的那些东西未必与你料想的一致。你要告诉你的儿子，除非他的身体出了毛病，并且有正规的医生提供指导，否则就要躲开售卖维生素和营养补剂的货架，以及所有向他兜售各种神奇药物的网页。这么做不仅能省下一大笔钱，还能避免危及健康。

5.让身体形象性别中性化。我们得抛掉一些老观念。即使你已经跟儿子谈过了形体焦虑的话题（你做得很棒！），你也要反思你的谈话方式。你不单要指出男孩们所特有的种种压力，也要拿它们来与女孩所面临的压力做比较。如果你有女儿，那么就反其道而行之，以此让她们了解男孩们所面临的压力。

6.寻求帮助。形体焦虑是一个很大的话题。如果你不确定孩子是否有这方面的问题（或者如果你只是想让孩子将来避免遭遇这类问题），那么你就要经由正确的渠道寻求帮助。你可以先咨询儿科医生，了解孩子的体重是否正常。好的儿科医生能与你的儿子进行一对一的深入交谈，以此来了解他在自信和自我评价等方面的具体情况。在这些方面，学校的老师也能为你提供许多信息。如果你感到不放心，那么还要记得去找熟悉孩子的人了解情况，例如，他的好朋友的父母，以及他最信任的家人。

第9章

男孩与成瘾

奖赏回路兴奋剂

所有人都对某样东西成瘾吗？每天早上，我都得喝杯咖啡。我两手捧着杯子，甚至没等喝下第一口（但肯定是在喝了之后），我就会立即感到神清气爽。如果没有咖啡，我的脑袋过不了一个小时就会变得昏昏沉沉。我同样也依赖手机，甚至更甚。出门前，我总得找到那个扁扁的、长方形的东西，有时要翻箱倒柜地找，因为谁也说不准它会藏在我的包里，还是哪个犄角旮旯里。没有手机，我会觉得自己与世隔绝，甚至会感到一丝恐慌。这很荒唐。但这属于成瘾吗？

我儿子想玩在线游戏《堡垒之夜》（*Fortnite*），我同意了，但我不允许他玩太久。他的一些朋友好像是一直在玩，比如，在回家路上，他们在我车里拼车时，就在不停地玩，到家后还会换屏幕更大的设备继续玩。而且，即便这些孩子没有在玩，往往也是在通过视频流旁观其他玩家的游戏过程。我很难理解这种事，可我问过的那些十几岁乃至二十岁的孩子都对此习以为常。我儿子不会说他没有《堡垒之夜》就活不了。不过，他在玩这个游戏时确实全神贯注，什么都忘了。而且很多时候，直到我发火，他才会停下手来。他不承认他对这个游戏成瘾，但他也告诉我，有的孩子已经成瘾了。

　　再说我女儿。我跟她说话时，只要她的手机在附近，她就会显得心不在焉，因为来自社交媒体的那些通知总是在向她"招手"。我多次建议她关掉通知，她却充耳不闻。不过，她也非常清楚手机的厉害。我们一起出去时，她经常要我帮她拿手机。因为她知道，只要手机不在身上，她就不会让手机给拴住。不过她也承认，手机不在身边的感觉就像是没穿衣服，这一点很像她妈妈。女儿说，她不想对手机成瘾。

　　有些人馋酒精、大麻或鸦片，而另一些人痴迷于饮食、购物或赌博。其中有些情形属于成瘾，另一些则不是。如今，我常在大街上遇到抽电子烟的人。他们走在我前面，我就只好躲避他们吐出的大片尼古丁水雾。我想知道，他们如何看待他们想要抽上一口的那种欲望。这是一种渴求？一种习惯？还是说，他们不这样做会十分难受，所以这是一种无法控制的冲动？一种成瘾？

　　许多人随意使用"成瘾"一词，因为吃、喝、抽、玩等各种行为都可能激活我们大脑中的奖赏中心，进而激发我们去重复同样的行为。但是，欲望和渴求意义上的成瘾与疾病意义上的成瘾完全是两码事。这并不是说前一种成瘾不重要，但后一种成瘾确实可能会给人的身体、心理和社会生活造成巨大的负面影响。

　　天下父母都希望自己的孩子日后能够免于遭受这些成瘾的折磨。然而，在现实生活中，但凡是人做的事情，几乎都可以被称作某种成瘾（先不论这么称呼对错与否），而过多干预孩子的生活也十分有害，那我们该如何确定干预的时点呢？各种成瘾虽然多达数百种，但大多数人都不会受到它们的侵扰。那么，你该允许孩子参加聚会吗？在手机上下载某款游戏吗？跟某个让你看了后脖颈发麻的朋友出去玩吗？尝一口你杯里的酒吗？刷你的信用卡吗？对于这些问题，每个家庭都会有自己的选择。但要获得良好的养育结果，父母就必须制定一些限制措施，直到孩子能够自我约束为止。这一章介绍了你应当加以重视的现象，以及为何教育、约束和延迟是预防成瘾的三大要素。(当然，还有关于如何与孩子谈论这一切的建议。)

为何有些人会成瘾

大学毕业后，我入职了纽约市一家青少年住院戒毒中心，这也是我的第一份工作。在那之后，我读了医学院，并在一家有很多瘾君子光顾的医院接受住院医师培训。后来，我又在一家儿科诊所工作多年，其间接触了许多吸毒者，有刚开始吸的，也有已经成瘾的。于是，这些年来，我见过了大量的成瘾者。总的来说，他们都是好人、善良的人，也不处于容易成瘾的年龄阶段，可结果呢？他们就是成瘾了。

他们都有一个共同点，就是大脑的反馈回路出了问题。成瘾者通过特定的行为激活了大脑的奖赏中心，使大脑充满快感（或者至少是不算太坏的感觉）。从整个社会的角度看，我们已经能够相当精准地把那些成瘾者识别出来，因为大量抽烟、喝酒、用药所引发的一系列生理反应一目了然，例如，眼睛充血、口齿不清、步态不稳、精神恍惚和思维简单化等等。我们要注意这些现象，因为受害的不仅可以是醉酒者或嗑药者本人，也可以是其他人，道理如同"酒后驾车"。最重要的是，我们知道那些成瘾者为了再次获得快感会怎么做，即不管不顾地滥用成瘾物质。

人之所以对成瘾物质上瘾，是因为这些东西几乎都能直接作用于大脑，而不管它们是天然的还是人造的，是医生开的、直接购买的，还是得自他人的。不过，成瘾者也并非一定要摄入某种物质才能让大脑兴奋起来。在剧烈运动、赌博、游戏、购物，甚至只是看手机等行为的刺激下，同样的神经回路也一样会被激活。所有这些行为都能让人成瘾，而可能导致成瘾的各种行为更是多不胜数。

每一种成瘾也都对应有相应的正常行为，例如，许多人都在适度地饮酒，温和地健身。所有人都需要购物和吃饭，但对这些行为成瘾的人只有极少数。绝大多数人都能在各种事情上保持健康的平衡，但成瘾者很难节制自己的行为。为了满足欲望，他们往往会不计后果地去做任何事情。我在戒毒中心工作时就经常见到，为了给自己的恶习买单，瘾君子们不仅从父母的钱包里偷钱，甚至从墙上偷电视！这并不是说，钱丢了（或者电视丢了！）这种事不易败露，他们实际上已经不太关心这一点了。或者至少可以说，他们更关心大脑中特定化学反应带给他们的快感和解脱感。

这就是人之所以会成瘾的核心原因——追求奖赏或解脱。这种追求有时是公开进行的，但多是偷偷摸摸、羞于见人的，这就使得一些成瘾极难被发现。例如，对色情内容的成瘾可以在眼皮子之外隐秘存在，而对购物的成瘾也可以不体现在信用卡账单上。不过，有些成瘾会更明显一些，因为它们可能会造成比较严重的后果。例如，有毒瘾的人可能会吸毒过量，有性瘾的人可能会染上性病，而对食物成瘾的人可能招来肥胖症和相应的并发症，例如，糖尿病和心血管疾病。还有，对打游戏成瘾的人即使遭遇内急也可能不会离开沙发。是的，这很恶心。一旦察觉，这些异常表现就会变得非常明显。所以，我们都能举出朋友或家人，甚至我们自己为了激活大脑的奖赏回路而不顾后果的例子。

那么，为什么有些人会对特定的物质或行为成瘾，而大多数人却不会如此呢？答案就在大脑内部。在那里，一些能够传达信息的微小化学物质，即**神经递质**，会经过神经细胞间的空隙，即**突触**，从一个神经细胞到达另一个神经细胞。[1]大脑中有许多种神经递质，你肯定或多或少知道一些，例如，最常见的肾上腺素、多巴胺、γ-氨基丁酸

---

[1]大脑约由1000亿个神经细胞组成。我在第5章里详细介绍了大脑的工作原理，例如，信息的发送、想法的形成和行为的产生。不过，我当时并没有讲到下面这一点。神经细胞使用两种不同的策略在彼此间发送信号，最终把信号传到身体的特定部位：首先，电脉冲沿着神经细胞的长臂（轴突）传播；接着，化学物质（神经递质）被释放入与相邻神经细胞形成的空隙（突触）；最后，相邻神经细胞接收化学物质，激发新的电脉冲。这种电信号和化学信号反复切换的方式看似效率不高，但事实证明，两种方式结合起来可以让信号传递在极短的时间内完成。

和5-羟色胺。虽然这些神经递质所在的部位和作用不尽相同，但它们其实只干两件事当中的一件：被释放入突触后，要么激发电脉冲（兴奋），要么把它关掉（**抑制**）。

多巴胺可能是迄今为止最广为人知的神经递质，特别是在谈到关于成瘾的话题时，因为它能让人产生好的感觉。在特定脑区（特别是**伏隔核**）被释放后，多巴胺能显著改善情绪，强化动机，提升快感。而且，几乎每一种成瘾都与多巴胺有关。根据刺激物或刺激行为的不同，大脑在反应过程中所涉及的神经递质组合也不一样。所以，酒精、大麻、鸦片和兴奋剂各自都关联着特定的神经递质组合。在这些成瘾物质的刺激下，相关脑区所释放的神经递质种类各不相同，但不管是什么刺激物，多巴胺都是其中的常客。[①]

那么，我们还是要问，为什么有些人会对特定的物质或行为成瘾呢？从本质上讲，这是因为大脑特定部位的突触中所存在的那些神经递质让人感觉到了**极好的**感觉，而设法重复这种感觉是人类的天性。大脑的奖赏回路就是要让我们在特定情形下感觉良好，或者至少变得高度戒备或机敏。就是要让我们得到满足，以及权衡风险与收益。但上了瘾的大脑无法用同样的方式来进行这类运算。当我们的祖先发现，即便没有天然因素的促发（例如，被狮子追赶！做爱！），我们也依旧能通过吃、喝、抽或玩来让大脑兴奋起来时，人类就无法逃脱成瘾的魔爪了。有些人还因为大脑构造的原因更容易成瘾。

---

①各种成瘾物质都能提升奖赏回路中的多巴胺水平，但其中的作用机制并不相同。一些物质直接增加多巴胺的数量，而另一些物质通过改变突触环境来延长多巴胺的作用时间。各种成瘾物质对人的情绪影响不一，因为其中还涉及除多巴胺外的其他神经递质。各种成瘾物质都能显著提升多巴胺水平的事实已经证明，多巴胺在人的"谋求奖赏行为"中作用重大，这一点也是各种成瘾的共同之处。而且，在刺激因素是看色情片、打游戏、边开车边查电子邮件等行为的情况下，多巴胺同样也是大脑反应中最常见的神经递质。

了解成瘾的征兆

以下描述适用于与毒品、酒精、行为，甚至与屏幕有关的成瘾现象。所有人的大脑都很容易成瘾，哪怕没有相关的家族史。所以，你要特别注意孩子和你自己身上是否存在以下征兆。哪怕只有一两项符合，你也要足够警惕：

· 难以远离影响生活质量的事物。

· 总是渴求某种负面事物。

· 对压力越来越敏感，总是做出不适当或情绪化的反应。

· 使用某种物质或进行某一行为的效果不如从前，过后状况没有改善（或继续恶化）。

· 无法使用某种物质或进行某一行为时会有戒断反应，既可以是身体不适，也可以是心理症状。

· 即使会产生消极后果也忍不住要去做某件事。

这就要谈到关于成瘾的遗传学话题了，因为大多数人都十分好奇或担忧自己家族的遗传倾向。例如，若要判断一个人是否容易对毒品成瘾，那么遗传学因素大约占据50%，它能影响这个人从开始接触毒品到形成依赖的整个过程。因此，是的，如果这人有一个叔叔在戒毒所，或者有兄弟姐妹也在与毒品做斗争，那么所有直系血亲对毒品成瘾的风险都会增加。不过，环境因素、意志力和文化也起着关键的作用。我们把这些外部影响称为**表观遗传因素**，即能够改变基因表达的环境因素。表观遗传因素非常多，可能得罗列好几页。总的来说，任何能够作用于人体脱氧核糖核酸的东西都能在表观遗传方面发挥影响，这些因素有食物、睡眠、压力和爱，有我们身边的化学物质和我们为了规避它们所采取的措施，也有健康（直接影响）和财富（间接影响）水平。

从构造上讲，人脑确实拥有能够防止大多数人陷入成瘾旋涡的检查与平衡系统。但是，正如你即将看到的那样，它们有时也会不起作用，特别是在大脑还没有完全发育成熟，检查与平衡系统尚未完全启动和运行的时候。

青少年的成瘾风险

青少年的大脑仍在发育中，所以非常容易对酒精、毒品、色情内容和游戏成瘾。

这首先是因为，他们大脑中的奖赏回路如同橡皮泥，可塑性非常强，很难不受外界影响，而我们成年人的奖赏回路就完全不是这样。由于髓鞘发育缓慢[①]，如果某个青少年发现自己有机会开启大脑的奖赏回路，例如，在聚会上发现了酒，在网上看到了性爱内容，或是在学校遇到了能够偷偷吸食尼古丁的电子烟，这时边缘系统就会主导决策。有个魔鬼在耳边对他说，**跟着感觉走吧**。这个声音在几分之一秒内就到达了边缘系统，而天使的声音还在路上，正沿着没有髓鞘的神经纤维向前额皮层蜗行。

总之，青少年比成人更容易上瘾的第一个原因是，他们的大脑仍在发育，起主导作用的是寻求刺激的脑区，它们能激发和引爆剧烈的正反馈循环。他们的大脑不够平衡，导致青少年，甚至二十几岁的

---

①我在第5章里介绍过，只有到成年早期，髓鞘才能全部发育完成，功能完备的检查与平衡系统才会存在于前额皮层与边缘系统之间。磨炼技能和专业知识需要时间，掌握踩油门（边缘系统）与刹车（前额皮层）的平衡术也一样。

年轻人更容易去做有成瘾风险的事情，而非在权衡长期影响后克制自己。成年人也会通过食物、活动、毒品、性等途径来激发奖赏回路，但大脑尚未成熟的青少年们特别善于寻求这类刺激。沦为成瘾者的关键之一就在于接通奖赏回路。

青少年容易成瘾的第二个原因是，风险能够以自我强化的方式再生。就在青少年们接通奖赏回路，对好感觉"大快朵颐"之时，他们的大脑也在进行突触修剪。坦率地说，不管青少年做什么事情，他们的大脑都会同步进行突触修剪。所以，如果他们在学习数学或练习打鼓，那么这些技能就会得到强化。而如果他们在吸毒或玩电子游戏，那么得到强化的便会是这类事情。不要忘记我在第5章里介绍过的"不使用则淘汰"原则——得到激发的神经细胞会连接在一起，而得不到激发的神经细胞则终将走向消亡。青春期是突触修剪的高峰期，也是塑造大脑的黄金窗口期。学习某种新乐器并乐在其中（反复接通奖赏回路）的孩子，会比成年人做同样的事高效得多，他们学起喝酒来也同样容易得多。

存在于大脑奖赏中心突触里的那些神经递质，特别是多巴胺，是成瘾的根源所在。当孩子们在吸毒、看色情片或打游戏时，他们脑中的特定神经网络就会得到激发，在突触部位释放多巴胺，进而大大巩固这些神经网络在大脑中的地位。特别是当这些行为反复出现时，大脑就几乎不会有机会去剪除这些被大量激发的神经细胞。即便是"成熟"的大脑也并非总能抵御成瘾的威胁，因为在成年人做同样的事情时（当然也有一些成年人吸毒、看色情片、玩游戏），他们的大脑也会以非常相似的模式释放多巴胺。所以，成年人也可以，并且确实会成为成瘾者。只是，与成年人相比，青少年更容易受到影响，因为他们大脑中的突触尚未经过修剪。容易让人成瘾的各种物质和行为能够让各年龄段人群的大脑产生依赖，而可塑性强的青少年的大脑尤其如此。

电子烟

电子烟等"无烟"器具已经面世十余年，但是，2018年，一种"新时尚"又在青少年群体中流行起来，那就是吸食"朱尔"（Juul）。

"朱尔"是一个电子香烟品牌，其产品中含有高剂量的尼古丁。在这种烟面世前，青少年群体的吸烟率原本一直在稳步下降，到底是什么原因让它火遍青少年群体呢？

第一，这种器具外形时尚，也很有欺骗性。它的充电器酷似优盘，所以孩子们能够在学校里堂而皇之地使用它，而不致引起任何怀疑。而且，整个烟体又细又长，很容易攥在手里或塞进运动袜里。

第二，通过吸入而产生的蒸汽没有烟味，这是所有"无烟"器具的共同特征。

第三，提供多种烟弹，包括成年人不喜欢、但孩子们却非常喜欢的甜味烟弹。2019年，有诉讼指控，这种烟是为未成年人而设计的。最终，朱尔公司从市场上撤下了甜味烟弹。

第四，朱尔公司的营销渠道原本有很多，但是，从2018年起，该公司开始大力通过社交媒体和网红进行营销。换句话说，你的孩子看到了什么，你可能不知道。

最后，很多孩子竟然认为，这种烟不含尼古丁，其实不然。实际上，这种烟的一枚烟弹中包含了一整包香烟的尼古丁，一些研究甚至认为更高。顺便提及，尼古丁极易成瘾，其成瘾性与海洛因、可卡因和安非他命相仿。此外，这种烟的烟弹里还含有其他有害化学成分，例如，其中的丙二醇和甘油能结合为致癌化学物甲醛。

总之，这种烟里含有极易成瘾的物质，并且此前一直面向孩子销售，可很多父母却对此毫不知情。

吸食"朱尔"之所以能够流行起来，部分原因在于父母们对此一无所知。我们闻不到烟味（尽管我们可以闻到类似空气清新剂的味道，并且会感到有些奇怪），也看不到它，因为这种烟很容易藏匿。一开始，它是一种新事物，父母们自己都没有听说过它，又怎能嘱咐孩子远离它？

假如你怀疑孩子在吸食"朱尔"或其他电子烟？那么就去问他！尽量不要指责，因为这么做的结果往往很糟（例如，孩子不承认）。你要把你知道的信息告诉他，同时也要求他把你不知道的信息告诉你。你们可以谈谈，为什么青少年会吸食电子烟，以及他们在哪里吸。你可以先跟孩子打听，他的朋友们在这件事上是什么情况，这么做的效果往往好于直接询问孩子自身的情况。不过，这全看你跟孩子一开始是如何沟通的。最重要的是，如果他不跟你谈，你就要反复寻找机会"破冰"，同时尝试不同的做法。你问得越多，他就越能意识到你关心这件事。

　　学习是建立神经通路的行为。当许多神经细胞以特定的模式被多次激发时，它们就会将自己连接在一起。在开始的几次，建立这些路径需要付出一定努力。但是，随后，随着这些细胞一次次被激发，特定的反应模式，即特定的一系列电脉冲，就会建立起来。不管我们学习的是计算机程序、运动项目还是坏习惯，我们越是频繁地命令大脑激发特定的神经细胞，大脑执行起来就会越容易，甚至可以达到下意识自动执行的程度。学习某项技能与成瘾的过程其实没有什么不同。

成瘾性人格

　　我曾经是一名儿科医生，一天到晚都在诊室里看病人。那时，我发现了一个特别明显的现象：有的孩子天生是冒险家，有些则不是。在孩子大约9~12个月大时，他们的活动能力会真正体现出来。有些孩子会想方设法从我的检查台上翻下来，他们在这么做的同时还感到非常兴奋。大体说来，这些孩子也是两岁时爬书架，五岁时借助三轮车、滑步车或滑板车到处疯跑，或是由父母带到急诊室缝针的孩子。他们从心底里渴望刺激。我常常好奇，等他们长大一些后，是否还会通过其他方式来寻求刺激。他们为什么不这么做呢？冒险的感觉太好了。

　　不过，这并不是说，那些安安静静地坐在检查台上的婴儿，那些从未尝试爬出婴儿床、总是在蹦床或滑梯上显得小心翼翼的婴儿就一定会过上安稳的生活。这类孩子也在急诊室里缝了不少针。但是，所有的儿科医生都会告诉你，人的气质与行为天生就紧密地联系在一起。所以，谈到日后成瘾的风险，我总是免不了要为那些想要翻下检查台的婴儿多几分担心。

　　事实证明，我的担心并不是多余的。多项研究发现，孩子的某些气质特征确实与日后成瘾（至少是吸毒）的可能性有关。这些气质特征大概可以分为三类，但它们都有一个共同点，那就是自我调节困难。第一类孩子容易冲动，胆子很大，喜欢新奇的体验，他们在诊室里表现得非常好动。第二类孩子看上去完全相反，他们比较紧张，小心翼翼，甚至有些闷闷不乐。他们日后滥用成瘾物质不是为了寻求刺激，而是为了医治自己。他们常常对我说，他们刚开始用药后并没有什么特别的感受，并不觉得自己非常兴奋，无所不能。最后一类孩子是前两类孩子的结合体，时而兴奋，时而低落，时而内向，时而外向。

自我调节是一项可以习得的技能，但前提是大脑具备相应的硬件基础。如果某个孩子接受了特定后果的惩罚，例如，摸热炉子被烫伤，考试作弊被处罚，那么他就会想方设法不再犯同样的错误。在大多数情况下，孩子从婴儿期开始练习自我调节。长大一些后，他们就能借助这一点来部分地代偿前额皮层（分析行为的长期影响）的发育不足。例如，教过孩子如何安全地过马路后，我们就可以相信他们会先停下来，左右张望，然后小心前行。他们具备自我调节能力，能够抵制诱惑，不会去追滚到街上的皮球或已经错过的校车。

但是，另一些孩子的大脑存在一些问题。即使努力练习自我控制，他们也缺乏掌握这一技能的能力。这些孩子（以及一些成年人）容易冲动，寻求刺激，做事不顾后果，及时行乐，几乎愿意尝试任何事情。或者，他们也会紧张不安，乃至他们根本无法控制自己，于是，他们会做自己知道不该做的事，或者会说自己知道不该说的话。这些孩子有的性格孤僻，有强迫倾向，甚至非常胆小，有的则天赋异禀。他们中的大多数，不论是爱闹腾的还是紧张焦虑的，都比较特立独行。他们的生活环境往往不稳定，而这一点也正是他们更易陷入成瘾旋涡的原因。他们拥有一些人所说的"成瘾性人格"。因此，是的，成瘾性人格确实存在，但它们并不总是我们心中所想象的样子。而且，成瘾性人格也并非成瘾的先决条件。

男性和女性拥有成瘾性人格的概率是相等的。但事实证明，总的来看，男性的自我调节能力稍逊于女性。也就是说，他们更容易成瘾……至少从生物学上来讲是这样。女性进化出了更好的自我调节能力（其实是更好的冲动控制能力），这是讲得通的，因为女性产生的卵子是有限的，总共只有大约400个卵子有可能发育成为婴儿。而男性产生的精子似乎是无穷无尽的，每天都能产生数百万个。如果人类的终极目标是繁衍更多后代，那么男性在喂养和保护后代方面的压力会小很多，因为他们能产生更多遗传后代。他们无须为了传宗接代而像女性那样推迟满足。他们可以稍稍放松对自我的控制。到了今天，这一点就演变成了，男性在喝酒、玩电子游戏和买鞋的冲动上略微超过女性。

所以，女孩比男孩略微不太可能去冒险是有原因的。可是，一旦她们这样做了，一旦这些奖赏回路开始有规律地运转，女性同样也可能成瘾。而且，一些研究表明，她们在治疗后也更容易复发。[1]

成瘾的解药：延迟

我们的大脑能够随着经验的增加而进化和改变。科学家们喜欢把这一点称作可塑性，这一点既好也不好。人脑能快速适应，快速学习，特别是孩子的大脑，而成人的大脑较为逊色。虽然容易导致成瘾的物质和行为能同时影响不同年龄人群的大脑，但这一影响的作用方式和速度仍旧与年龄关系密切。

如果一个人真的想把成瘾风险降低到基本为零，那么唯一确定的方法便是远离。包括毒品、色情、赌博，通通远离。如果你不想让你

---

①也有研究发现，随着雌激素水平的提升，人的冲动性会下降。因此，在有可能怀孕的月经周期中，女性能表现出更强的自制力。

的奖赏回路启动，你就不要给它们启动的理由。这种方法绝对有效，但它可能与生活产生冲突，特别是那些需要我们适度去做的事情（例如，吃饭、购物），以及那些只要适度就不会造成危害的事情。这种做法也会与乐趣产生冲突。所以，父母的选择往往只能是延迟。因为，要让孩子全面禁欲是行不通的。

成功延迟的秘诀很简单——既然青少年的大脑更容易成瘾，那就暂时不要让他们的大脑接触容易导致成瘾的各类物质和行为，直到大脑的学习速度放缓。等到大脑的髓鞘发育完全后，信息就能以同样的速度到达所有脑区，使寻求刺激与理性思考相互平衡。我们要给他们的大脑留出足够的时间来修剪突触，尽可能防止奖赏回路被非法或有害的东西激活。时间是大脑最好的朋友，至少在明智决策方面如此。所以，让孩子延迟接触 _____ （填上任何有可能造成危害的东西）就是我们的成功方略。

孩子们一般都会接受延迟这一预防策略。我们并没有说**永远不可以**，只是**现在还不行**。我一直在跟父母们讲，孩子到了学步期就开始通过反对父母来展示自我了，所以我们必须给他们一些东西来反对。孩子进入青春期后，这一点就更加不言自明了。既然我们知道大脑是如何发育的，也知道成瘾背后的原因，那我们怎能不让孩子延迟接触那些危险的东西，以防有害的神经反应模式在他们的大脑中生根发芽呢？

法律也支持这一延迟理念。例如，你在21岁前饮酒是非法的，在21岁前因非医学原因使用大麻也是如此（前提是大麻在你所在的州合法）。再如，你在25岁前是不可以租车的，除非你有极好的驾驶记录，并且愿意支付更高的费用（有时相当高昂）。但是，只要达到21岁，你就可以赌博了。在某些州，这一年龄甚至只有18岁。这些法律，以及其他一系列类似法律并不是凭空制定的，它们依据的是与不同年龄人群相关的风险数据。有些法律的内容与大脑的成熟度相一致（例如租车）。有些法律则同时考虑大脑应对风险的能力，以及我们终归拦不住孩子们要去做某些事的事实（例如饮酒）。在完美的世界里，我们的法律将会与孩子们的成长严丝合缝，这么做有助于他们理解眼前的各种限制。但我们的世界并不完美，而且每个孩子的发育速度都略有不同。因此，这些事情没有普遍适用的正确年龄限制。

在延迟之外，我们最好还能为孩子们提供其他选择，这么做的效果会好很多。我们不能总说"不行"，否则会与孩子产生冲突。但假如孩子们能够将兴趣转向安全的渠道，例如，体育、音乐、美术，甚至学业，大脑的奖赏回路依旧会接通。只要接通，孩子就会获得好感觉。因此，虽说"不行"二字有可能奏效，但若多说一句"你看……怎么样？"效果或许会好很多。

问题在于，如果我们这些做父母的不知道孩子们在做些什么、跟谁在一起、感受如何（如果我们被关在了门外，那么这种情形是极有可能发生的），我们就会很难对他们使用延迟战术。许多男孩虽然不会把我们拒之门外，但他们只会选择性地告诉我们一些细节，让我们把它们拼成一幅"哦，他没事"的图画。但是，一旦他们停止讲述，或者只是比从前讲得少了，信息鸿沟就会出现。倘若我们不知道他们在做些什么，想要说服他们延迟接触某些东西就会成为一项几乎不可能完成的任务。倘若我们任由他们把自己封闭在房间里，我们就不会知道他们究竟在里面做了什么（例如，吸食电子烟、玩游戏、吸毒和暴饮暴食），更不用说这些事情可能引发的具体后果了。倘若不知道他们都交了哪些朋友，我们就无法帮助他们分辨谁给他们的是积极影响，谁给他们的是消极影响。倘若我们不去与孩子们交谈，我们的养育就会跟不上他们飞速发育的大脑。当奖赏回路接通，并给孩子们带去极好的感受时，一旦我们没能及时阻止，他们就可能快速滑入成瘾的泥潭。当然，我们也可以事先对他们进行劝诫，不要喝酒，不要抽烟，不要赌博，等等。我们也应该这样做，因为预防远胜于治疗。但是，一旦孩子不再与我们沟通，预防就会举步维艰。

孩子进入青春期后，他们多半已经熟知我们的心思和弱点。他们知道如何给自己找理由，如何辩解，乃至如何蒙蔽我们。我很佩服那些能够对孩子的小把戏不为所动的少数父母。大多数父母通常只是往好的方面去想，认为孩子大了自然会懂事……可真到了他们遇到麻烦的那一天，我们就会后悔当初没有足够重视。

孩子和成人都想得到好感觉，或者至少都想摆脱坏感觉。拥有完全成熟的大脑并不能确保成人不会沦为成瘾者，但成人的大脑确实更有能力抵制孩童大脑所无法抵制的刺激。如果孩子的房间里有一部手机或一台电脑，我们却被拒之门外，那么我们就不会知道他们到底在电子屏幕上看到了什么，以及他们的奖赏中心得到了怎样的刺激。如果里面藏着一支电子烟、一张信用卡或五分之一瓶白酒，结果也一样。如果我们任由孩子保持沉默，不把心里的事情讲出来，我们或许就无法详细了解他们的社交生活，以及他们的身体发生了怎样的变化。这些情形都让我们越来越难以保护家中的男孩不对某种物质或行为成瘾。

如何与男孩谈论成瘾话题

预防成瘾这件事可能会让父母们感到非常棘手，特别是当成瘾的对象为酒精、毒品、游戏、色情内容和赌博等各种物质或行为时。但是，不论你关注的具体问题是什么，核心原则都是一样的。

1. 做个"坏人"。不要高估孩子的意志力。鼓励他们在别的孩子怂恿他尝试他不想尝试的事情时，拿你来搪塞。告诉孩子，他可以放心大胆地把你拿到他的朋友那里去做挡箭牌，例如，把你说成谨慎、严格，甚至有点不讲理的人，只要这么做能帮他解围。

2.帮你的儿子从可能导致糟糕后果的情形里脱身。如果你认为参加某场派对的人大多会喝酒或嗑药，那么你就没必要给他开绿灯。如果孩子将要去的地方没有成年人，只有大一些的孩子来"陪伴"，你的心里就得敲响警钟。你完全可以告诉他，**不行，就是不行**。如果你担心这样做会引发无休止的争吵，那么就赶紧计划一件他必须参与其中的事情，比如，与（外）祖父母共进晚餐。你也可以投其所好地提议一些活动，例如，去听音乐会或看电影。

3.如果你认为成瘾问题已经存在，那么怎么谈将主要取决于你和儿子的关系。如果你们能够坦诚交流，那么最好直入主题。例如，我很担心你，因为＿＿＿＿＿＿＿＿＿。不管你跟他关系有多好，你也要避免当着他兄弟姐妹的面这么做。因为，你不应该让他在回应你的担忧的同时还去面对羞辱。如果沟通尝试结果难料，那么就提前充分准备，争取成功。一般来说，你得瞅准时机，例如，挑他心情好的时候，以便你们能坐下来好好说话，而非他已经心烦意乱，你还去横加指责。许多父母都想了解如何跟孩子交谈，了解这一信息的渠道有很多。你可以先咨询你的儿科医生或信任的学校辅导员，或者去找你认识的心理治疗师。如果你不认识这样的治疗师，也可以去找一位。

4.毒品检测要做吗？许多孩子都告诉我，他们想接受毒品检测，这让我感到非常吃惊。我问为什么？许多孩子说，他们需要这个借口来摆脱同龄人的压力。另一些孩子告诉我，这么做能防止自己向冲动低头。不管孩子们是否真的想要这样做，我都强烈建议：永远不要瞒着孩子给他做毒品检测。因为，如果检测结果呈阳性，你就会遇到一个大麻烦，因为你是瞒着他测的，而信任是沟通的前提。

第10章

男孩与枪
从校园枪击案到暴力游戏

美国历史上的首起校园大屠杀发生在1764年的宾夕法尼亚州。据报道，几个美洲原住民挟持了校长伊诺克·布朗（Enoch Brown）和他的11名学生，并用棍棒殴打和剥头皮的方式杀害了他们当中的大多数。这些原住民似乎没有使用枪支，但这一点并不妨碍这一发生在学校里的大屠杀事件被载入史册。

第二起有正式记录的校园大屠杀事件发生在近一百年后（注意是"正式记录"，因为没有正式记录的事件并不等同于没有发生）。随后，在19世纪下半叶和20世纪上半叶，美国散见发生于成人之间的校园暴力事件，通常由就业问题或个人不满所引发。1940年，在加利福尼亚州南帕萨迪纳的一所学校，一名刚被解雇的初中校长开枪打死了6名学校职员，这是当时美国历史上最严重的校园枪击事件。此后，这类事件继续零零星星地发生，直到重要转折出现——学生成为主角。20世纪70年代是一个充斥着暴力的时期，因为不仅学生煽动暴力，警察（事发杰克逊州立大学）和国民警卫队（事发肯特州立大学）还攻击学生，并造成大量伤亡。

1999年，情况变得更加严重，两名十几岁的男孩在科罗拉多州利特尔顿的科伦拜恩高中枪杀了十几名学生和一名教师，随后当场自杀。在我敲下这段文字的时候，美国历史上最严重的校园枪击案发生在弗吉尼亚理工大学。2007年，该校的一名学生枪杀了32名学生和教师，但愿这一纪录不会很快刷新，特别是在本书出版前。

在美国，校园枪击事件已经变得非常普遍，以至于我的孩子们进行模拟枪击演习的次数比进行模拟地震演习的次数还要多，而我们住在加利福尼亚州，脚下深处就是圣安德烈亚斯断层。我并不是说，校园是美国最容易发生枪击案的地方，完全不是。实际上，美国每年涉枪死亡约3.5万人，而校园枪击案所造成的死亡只是它的零头。即使把范围缩小到青少年枪击案，发生在校园里的也只占大约2%。但是，由于我们倾向于认为，学校是，或者应该是，安全的避风港，所以，现在的许多父母每天早上送孩子时都会感到一阵担忧。

还有，回顾最严重的25起校园枪击事件，例如，桑迪胡克小学枪击案（2012年，28人死亡）、玛乔丽·斯通曼·道格拉斯高中枪击案（2018年，17人死亡）和温普夸社区学院枪击案（2015年，10人死亡），我们会发现，所有肇事者都是男性。而且除6人外，其余枪手都不满30岁。

绝大多数校园枪手都是十几岁的男孩或二十多岁的年轻男性，这一事实不能仅仅归于巧合。其实远不止校园，在美国，全国各地都存在严重的枪击问题，并且还在不断恶化，特别是在青春期和二十多岁的年轻男性当中。他们正处于大脑发育不平衡的时期，也是易冲动的边缘系统占据主导地位的阶段。在这个枪支泛滥，暴力视频游戏无处不在，焦虑、抑郁、心理创伤日趋严重的社会，生物学特征是如何与男性特质相叠加的？我们该如何在这一危机四伏的环境里教育家中的男孩？

校园枪击

"校园枪击"这个短语本身就让人感到脊背发凉。"校园"和"枪击"原本风马牛不相及，难怪这种骇人听闻的事会被铺天盖地的报道。但自科伦拜恩高中枪击案起，校园枪击事件就已经成为了美国的常态，平均每年都要发生10起左右。[①]这些事件是在枪支和暴力泛滥的大环境下发生的。所以，在深入探讨校园枪击事件之前，我们必须先来谈谈大环境。

在美国，涉枪暴力犯罪每年都会导致数万人死亡。全世界每年约有25万人死于枪击，其中半数发生在以下6国，即巴西、墨西哥、哥伦比亚、委内瑞拉、危地马拉和美国。美国排在第二位，仅次于巴西。但是，美国是这些国家中人口最多的。如果考虑到这一因素，美国的涉枪死亡率（每10万人约10.6人）会温和许多，不仅低于其他5国，也低于许多无力解决社会矛盾的贫穷国家。但是，美国的涉枪死亡率仍旧高于其他富裕国家，几乎4倍于瑞士（每10万人约2.8人），5倍于加拿大（约2.1人），35倍于英国（约0.3人）。以上数据来自对全部人口的统计，也就是说，它们主要说明的是成年人的情况。如果具体看未成年人，在美国，这一数据也高达每10万人4人，其中男孩占80%以上。这意味着，美国儿童被枪支杀害的可能性，是其他高收入国家儿童的36倍，后者的平均涉枪死亡率还不到每10万人0.1人。[②]

---

①校园枪击事件有多种统计口径。统计渠道不同，得出的数据也不同。有的渠道统计的是发生在校园内的所有枪击事件，而不论是否有人员伤亡。有的渠道只统计大规模校园枪击事件，即至少造成4人死亡的枪击案。在这一章里，我采用第二种统计口径，因为各方的统计结果较为一致。这就会导致这一数字看上去偏低。不过我也要说明，哪怕枪击只导致一人死亡也是悲剧，这一点毫无疑问。我采用第二种统计口径只是为了让数据更加准确。

②枪支是造成美国儿童死亡的第二大原因，仅次于机动车事故。这两者常被归入名为"伤害"的大类，有时很难确定这一数字的具体构成。

解码青春期男孩

过去40年，美国的枪支拥有率一直相当平稳，至少拥有一支枪的家庭稳定在37%~45%之间。今天，世界上的枪支已经比我们幼时多了许多，其中近半数都为美国人所有。虽然在美国持枪家庭中，约50%的家庭只拥有1~2支枪，但另一半家庭拥有3支及以上，甚至有约770万"超级拥枪者"平均拥枪17支。不过，尽管这些吓人的数字和关于枪击事件的新闻报道不绝于耳，大多数人却并未遇到过这种事，也不认识其中的某位肇事者。据统计，我们更容易遭遇的是意外杀人、家庭涉枪暴力和涉枪自杀。

至少在美国，在枪击导致的死亡中，最常见的是自杀。换句话说，美国人更有可能用枪来结束自己的生命。这一点非常重要。顺便提及，其他国家大都不是这样。自杀这件事增加了我们讨论涉枪暴力问题的复杂性，因为我们至少得问两个问题：一、是什么引发了指向他人的暴力，二、是什么促使人结束自己的生命。这是两个完全不同的问题，但如果我们关注的是手段（枪支），而非被杀的人是他人还是自己时，这两个问题就会混在一起。另外值得一提的是，开枪自杀的男性远远多于女性，而想要自杀的女性往往会选择吞药或窒息。

意外杀人是枪击致人死亡的另一大重要原因，这类纯属意外的事件相当常见。所以，多年来我一直与我的孩子们模拟这种情况，例如，他们在朋友家玩，发现有人拿出枪来，这时该如何应对。这类事情，我在过去的工作经历中遇到过很多次，例如，有父母向我哭诉，两个孩子在摆弄枪，最后惨剧发生。

美国的枪击问题之所以成倍增加，原因只在于枪太多，甚至比人多。2017年，美国平民的拥枪量为每百人120.5支，即每人都能分到一支还要多。这一数字冠绝全球，遥遥领先第二位，即每百人拥枪52.8支的也门，黑山和塞尔维亚以每百人拥枪39.1支并列第三。由于美国枪支泛滥，枪击事件在哪里都是大问题，不分校园内还是校园外。

在这里，我们要厘清一些概念。因为它们可能会让统计数据出现偏差，有时甚至是巨大的偏差。校园枪击是指发生在校园内或学校所组织活动中的枪击事件。大规模枪击事件是指枪手至少杀死4人的枪击事件。两者都十分恐怖，但也相当不同，因为校园枪击一般都不是大规模枪击。90%以上的校园枪击事件只有1~3名受害者。[①]反过来说，大规模枪击主要发生在校园之外。

虽然美国在本世纪头18年发生的大规模枪击事件与此前的60年一样多，尽管媒体争相报道，给我们留下了这类事件频繁发生的印象，但事实并非如此。大规模枪击事件在美国的涉枪死亡人数中只占据很小的比例（许多资料显示不到2%）。但是，涉枪暴力事件通常以死亡人数而非受伤人数来衡量。也就是说，如果一名枪手向一大群人开火，打伤很多人，但打死不到4人，那么这就不能算作大规模枪击事件。而假如他打伤很多人，却没有打死1人，那么这连枪击事件都算不上。在美国，几乎所有致人死亡的枪击事件都只有1~2名死者，而到底有多少人的生活因为这类事件被永远改变则缺乏统计，例如，那些因为脊髓受伤而瘫痪的人，以及因为恐惧而遭受创伤的人。

这一切都说明，虽然时至今日，"枪击"和"孩子"这两个词总是被相提并论，人们很容易认为，对校园大规模暴力事件的谴责会随之而来。但现实是，枪击事件到处都有，绝大多数都发生在校园之外。而且，孩子们中枪致死的原因有很多，并非仅仅因为暴力已经侵入学校的食堂、英语教室和满是储物柜的走廊。美国的涉枪暴力问题十分严重，我所讨论的只是其中的一小部分。

---

①校园枪击事件一般只有1~2名受害者。有趣的是，在过去20年里，这类校园枪击事件的发生率没有任何变化。但涉及多名受害者的大规模枪击事件却不是这样，自2009年以来，这类事件的发生率一直在稳步增长，2016年后更是急剧上升。

校园枪手是这样的

不论在校园还是城市街道，枪击事件所涉及的主要是男性，攻击者是男性，受害者也是男性。几乎所有大规模枪击事件的枪手都是男性。事实上，在美国，大约90%的凶杀案由男性所为，80%以上的自杀通过开枪完成，而开枪自杀的往往是男性。在美国，大部分枪支也为男性所拥有，男性拥枪者比女性拥枪者多出两倍。第二修正案学者、《枪战》（*Gunfight*）一书作者、加州大学洛杉矶分校法学教授亚当·温克勒（Adam Winkler）表示："涉枪暴力常被说成是心理健康问题，事实并非如此，它其实是个男性问题。"

接下来，我将重点讨论校园枪手。因为篇幅所限，我无法深入探讨为什么有的男孩把枪指向自己，有的男孩把枪指向跟他有矛盾的人，以及有的男孩把枪指向完全陌生的人。我也认为，假如校园枪手存在典型特征的话，那么它将能够在很大程度上解释男孩文化中的涉枪暴力行为。不过，校园枪手并没有确定的特征，尽管我们希望有。许多人认为，校园枪手是孤僻的独行侠，是穿着风衣的社会弃儿，身姿颓废，举止古怪。没错，这种形象确实适合一部分枪手，但它绝对无法描述所有的枪手。他们也可以魅力四射、长于社交。他们可以分属各个阶层和种族，既可以来自破碎家庭，也可以来自双亲俱全的稳定家庭。一些枪手患有精神疾病，但许多枪手并非如此。而且，他们所患的精神疾病往往并不会激发攻击或暴力行为。所以，这些疾病发病率的上升并不能解释校园枪击事件的增多。抑郁症、焦虑症和多动症本身都不会促使人去杀害他人。如果校园枪手有确定的特征就好了，这样一来，及早识别可能威胁其他孩子的孩子就会容易很多。归纳校园枪手的典型特征并非是为了分类本身，而是为了拯救生命，包括枪手的生命。可事实证明，这几乎不可能做到。

不过，绝大多数校园枪手还是具有四个相当明显的特征，他们往往是男性，年轻，有获得枪支的途径，并有某种创伤经历。巧的是，这四项特征往往与那些总是拿枪支玩耍的男孩相吻合，不论在校园内还是校园外。

男性。95％的校园枪手是男性。[1]我们知道，这其中有睾酮激素的作用，至少在攻击和控制方面如此。但在这一激素外，还有许多东西能够影响男孩的成长。这本书的焦点是男孩的沉默，也就是说，男孩进入青春期后，发生改变的不仅是他们的身体，他们也变得不爱说话了。于是，在他们挣扎着要做个社交上、学业上、心理上的男子汉时，父母们就可能会察觉不到他们的艰辛。特别是，美国文化把男子气定义为强壮和坚忍。在父母们看来，男孩不爱说话很正常，无须过问。就算去关心了，我们也常常看不出孩子已经深感羞辱或挫败了，特别是在他们显得尤为厌烦，并且把我们关在门外的时候。有的男孩缺乏共情能力（有的女孩也是这样），但我们越是不与他们进行日常的交流和玩闹，我们就越是难以察觉他们的这一问题。所有这些因素只是在给孩子平添病态的男子气——没有感情、强硬，进而使男孩更容易从争强好胜转变为施暴。

科伦拜恩枪击事件中有两名枪手，其中一名枪手的母亲苏·克莱伯德（Sue Klebold）在"泰德"（TED）演讲中讲述了她的孩子变身冷血杀手的过程。她从未察觉到任何可疑之处，完全没有发现任何迹象。因为至少从她的角度来看，这种迹象根本不存在。他看起来非常正常，在学校和朋友中间处理他自己的各种小问题。他不跟她说话，跟别的男孩不跟母亲说话没什么两样，完全没有任何异常。直到他死后几个月，她才发现孩子严重抑郁。此前，孩子不爱说话被视作青春

---

①根据美国联邦调查局的档案，只有不到4%的主动枪击事件由女性制造。但是，最早的现代校园枪手之一是一个名叫布伦达·斯宾塞（Brenda Spencer）的少女，她住在加州一所小学的对面。1979年的一个早晨，她从家里用狙击枪向学生射击，打伤了一些人，并且杀死了两名试图把学生们带到安全地带的成年男子。

期男孩的正常表现，背后是他不断增长的男子气。如此看待问题并非没有道理，但事实证明，只有打破这一沉默，父母或许才能发现异常之处，进而防患于未然。

年轻。大多数校园枪手都是十几岁和二十几岁的年轻人，要么在涉事学校就读，要么是离校不久后返校。他们的大脑还没有完全发育成熟，所以，他们无法像成年人那样持续地做出理性的长期决策（详见第5章）。不过，大多数枪手仍旧周密地计划了他们的袭击。这些袭击不是冲动行为，而是花费数周或数月设计、准备和安排的结果。所以，我们不能把校园枪击归罪于由大脑发育不完全所引发的冲动决策上。大多数校园枪击案并非临时起意。

不过，青少年和成人对风险/回报的看法是不同的，他们解决问题的方式也不同。青少年可能会认为，武器是解决问题的办法，特别是在特定的情形下，例如，在高中或大学里当众受辱，那种感觉好似世界末日，但事后看来并非如此。而且，青少年的神经系统可塑性强，即能够在使用的同时重组，丰富特定的神经连接。青少年的大脑正在经历成长和突触修剪，所以特别容易受到周围环境的影响。因此，接触暴力便会引发暴力。但是，等到大脑发育成熟，他们往往也会掌握其他策略来解决问题。这是一个好消息。由于神经细胞可以灵活应变，所以青少年的大脑也能将暴力扭转。较为成熟的大脑可以转而利用非暴力手段解决问题，即使同样的大脑几年前还浸淫在暴力环境中。

途径。在美国，每五个家庭中就有两个家庭拥有枪支，55%的拥枪家庭至少有一支枪存放在没有上锁的地方。换句话说，孩子们往往能够轻易获得实施枪击所需的工具。研究明确显示，拥有枪支能显著提升杀人和自杀的风险。在拥枪家庭中，3/4的9岁及以下孩子知道枪支存放在哪里，1/3的孩子报告曾经摆弄过枪支，即便他们的父母认为枪支已经妥善存放。若是换作大一些的孩子，以上数字可能还会更高。除此之外，在过去几十年里，携枪出门的青少年越来越多见，以至于

20世纪90年代初，学校开始借助金属探测器来识别有意作案的枪手和携带武器的孩子。

事实证明，青少年在校园枪击案中所使用的枪支大多来自家里、朋友或亲戚。校园外发生的涉枪暴力事件也是如此。有途径获取枪支是成为枪手的基本前提，没有枪支就无法向他人开枪。

创伤。创伤是一种统称。几乎任何事故、自然灾害、袭击、不公、疾病、伤害、动荡等能够导致压力或痛苦的事件都能给人造成创伤。有谁没有经历过一定程度的创伤呢？我认为这样的人非常少。

有创伤经历是成为暴力犯罪者的风险因素之一，特别是当创伤遭遇能够降低压力应对能力的心理问题时，例如，严重抑郁或偏执。典型情形如：某个孩子遭到同龄人拒绝（这是创伤），碰巧他又存在焦虑、抑郁、攻击性或反社会特征（这是心理问题），从而促使他人进一步远离他。大多数孩子都能顶住创伤的压力，许多孩子也能从创伤中走出来，但也有少数孩子的创伤会演变为暴力。他们一般会遵循大致如下的反应模式：创伤导致羞辱，羞辱滋生愤怒和怨恨，如果没有正确的应对策略，报复的念头就会出现。这一过程中有许多可以实施干预的机会，但每个干预点都需要孩子的声音能够被看到和听到。如果没有成年人能意识到异常情形的存在，那么往往也就没有人能够阻止悲剧的发生。

以上关键词——男性、年轻、途径和创伤——都只是问题的一个方面。事实上，符合这四项描述的人数以百万计，但他们并不会拿起枪，更不会把枪口对准他人。而施暴者有时也并不符合其中任何一项描述。但是，制造了涉枪暴力事件，特别是校园枪击案的少数人基本都符合这四项条件。他们很年轻，他们是男性，他们遭受过某种创伤，而且他们有途径得到枪支。

暴力视频游戏

很多人都认为，暴力游戏，特别是第一人称视角的射击游戏，是引发涉枪暴力事件的可能原因，但多项研究都未能找到两者之间的因果联系。我先不谈这些实验。我谈谈大的图景。因为即使屏幕上没有枪支和弹药，几乎所有类型的视频游戏显然也都会影响孩子们的心理。

游戏对情绪的影响显而易见。我在工作中几乎天天都能见到这样的例子。我在自己家里也分明地见到过这种事。当时孩子们还小，他们玩的甚至还是"教育类"游戏。有时候，我想拿走他们的游戏设备，却吃惊地发现他们完全不肯停下来。我儿子大概10岁时，我第一次亲眼见证了视频游戏给他带去的巨大影响。当时的他想尽了办法求我给他玩电子游戏，玩什么都行，例如，《超级马里奥兄弟》、《国际足联》和《糖果传奇》。他似乎并不关心游戏属于什么类型，也不在意使用什么游戏设备。不管是手掌大小的手机，还是巨大的壁挂电视，都无所谓。他只是想玩。在他玩的时候，我们会要求他严格遵守事先约定好的规矩，即不能玩暴力游戏，他对此似乎也没有意见。

但是，大约45分钟后，他的大脑就会像跳了闸一样，坚决反对我们要他停下来的要求。那个原本为了换取游戏时间几乎愿意做任何事情的可爱的小家伙，此时就像是换了一个人。如果不到45分钟，我们就让他关掉游戏，这时他可能会坚持一小会儿，但最终还是会服从。但是，只要这神奇的三刻钟一过，他就会立马变成一个牢骚满腹、顽固不化，有时甚至胡搅蛮缠的孩子。他不再礼貌地请求继续玩下去，而是要求必须打完某个游戏或某个关卡。顺便说一句，他玩的那些游戏里没有一丝一毫的暴力元素，可它们还是对他的大脑造成了影响。

我询问过的所有父母都向我反映过类似的现象。听我讲述这个话题时，他们都不住地点头表示同意。只要玩上一段时间，例如，对我儿子来说是45分钟，孩子感觉就像是被劫持了一样，变得暴躁易怒，甚至跟他们平时的样子完全相反。虽然这种暂时的行为转变并不会直接导致我们担心孩子日后会成为枪手，但每当见到这种情景，我都会不由得认为，任何类型的游戏都会对孩子的心理产生影响。我也会怀疑，那些想要弄清游戏对暴力行为的影响的研究是否搞错了焦点。

经过多次围绕关闭游戏所展开的"拉锯战"，我和丈夫最终确定：不可以让游戏影响孩子的心理。即对孩子来说，最多只能玩44分钟（在此之前，一到45分钟就会非常难办）。[①]当然，暴力游戏肯定是不能玩的。

然后，市面上出现了一款叫作《堡垒之夜》的游戏。

这款没有血腥画面的多人多平台射击游戏在2017年夏天推出，在短短18个月内就收获了逾2亿注册用户，创造了视频游戏的新纪录（也为科学家研究游戏的影响提供了一大数据来源）。在《堡垒之夜》的世界里，屏幕里能够看到玩家所控制的人物，这就是第三人称视角。而在第一人称视角的射击游戏中，屏幕上的画面也是玩家所控制枪手的视野。这一区别非常微妙，但对《堡垒之夜》的成功至关重要。同时，这一点也是《堡垒之夜》利润丰厚的部分原因，因为画面里的虚拟人物能够穿上名为"皮肤"的衣服，也能在胜利后跳舞，而这些衣服和舞蹈动作都需要付钱购买。这是一款完全没有血腥画面的射击游戏，同时也有很强的社交属性，它鼓励团队协作，因为玩家能通过游戏实时协同，还能通过耳机口头交流（当然，这一功能需要单独购买）。

---

①我们并不善于计算时间，所以这条规则更像是一个目标。但是，由于孩子的行为转变完全可以料定，我就在手机上设置了一个闹钟。否则，我会因为忙别的事情而忘记孩子正在玩游戏（当孩子安静而投入地沉浸在游戏世界中时，哪位父母没有这样的经历呢？！），当最终要关掉游戏时，我就得面对一个难缠的孩子。另外，我认为，父母在设定规则时一定要跟孩子讲清楚这么做的原因。我跟儿子解释了我的理由，他同意了。你可以试着问问你的孩子，他们在长时间游戏后有什么感受。你可能会对他们的回答感到惊讶。

对于暴力游戏，我们是有规则的，那就是不能玩。但是，随着其他父母迅速接受《堡垒之夜》，我们开始怀疑自己。没有血腥场景，没有性别偏见，玩家甚至能够在求生存的同时建造一些东西！当然，这么做是为了换取武器，以便比其他人活得更久。这是一款暴力游戏，但奇怪的是，它看起来并不怎么暴力。很快，我儿子认识的所有人都开始玩这款游戏，于是我们也退让了。好的方面是，他玩这款游戏的表现与他玩其他游戏没有什么不同。时间一到，他就能痛快地关掉游戏。但是，一旦我忘了时间而导致超时，比如我在别的房间里忙，等我终于想起来时，我所要面对的就不仅是一个情绪化的孩子了。我还得承受一连串关于"打不完这一局"的抱怨和对"别人不用下线"的控诉。我还得眼睁睁看着他疯狂地射击其他玩家，努力把他们消灭干净。尽管我们不允许孩子在家里玩暴力游戏，但我意识到，我们还是被拉下水了。

下面我来谈谈射击游戏。研究结果并没有验证我在家里看到的，以及我从许多人那里听到的情况，即，孩子们玩久了射击游戏会显得非常焦躁，他们的样子像是遭受了创伤，或者至少是受到了内啡肽的刺激。而且，他们看上去像是对射击和杀戮脱了敏。那么，射击游戏与现实生活中的暴行怎么会一点关系都没有呢？而且，《堡垒之夜》还算是对儿童影响较小的。倘若换作充满血腥画面的第一人称视角射击游戏又会如何？

这是我的看法，但是，根据多项研究，数据实际上显示了相反的情形，即，第一人称视角射击游戏有很多好处，例如，能够提升空间认知能力，提升神经处理效率和专注力，甚至能增强创造性思维。更重要的是，暴力视频游戏玩得越多，年轻人的整体暴力犯罪率实际上越低。虽然这其中未必存在因果联系，但指出这一点仍旧很重要，因为许多人正是根据这一点来反驳"暴力游戏引发枪击事件"论的。他们辩称：这类游戏全世界都能玩，如果它们能促使玩家实施暴力行为，那么我们应当就能够在这些第一人称视角射击游戏大行其道的其他地方看到证据，而这样的地方遍布全球。但是，我们并没有见到这样的证据。因此，是的，虽然现在有更多的射击游戏被购买、下载和玩耍，但许多研究仍旧认为，这一事实既没有增加也没有减少全球范围内的涉枪暴力事件，特别是在校园内。

很明显，我非常不愿见到暴力视频游戏被平反。我不是说它们所能带来的那些好处不存在，我只是无法让自己相信它们没有危害。也许其他国家的游戏玩家没有在现实生活中成为枪手，只是因为他们无法得到枪支，而这类游戏流行的许多发达国家在涉及枪支的立法上也比美国严格得多。

在我看来，暴力游戏与男性、年轻、途径和创伤四要素并列，也属于枪手们的共同特征之一，也或许是创伤的亚型之一，甚至可能是最主要的亚型。因为不可否认的是，第一人称视角的射击游戏启动了人的生物应激反应，甚至第三人称视角的射击游戏也是如此。而且，我认为，从某种程度上讲，就连适合儿童玩耍的游戏在这一点上也没什么两样。如果你不相信，那么就去看看那些各个年龄段玩游戏的人。哪怕他们玩的只是《超级马里奥兄弟》或《真人快打》，结果也是一样——弯腰弓背，注意力高度集中，两眼紧盯屏幕。如果你在他们玩到一半的时候跟他们说话，他们往往会非常生气。何况，暴力游戏还能让暴行正常化，或者至少是游戏化。从某种程度上说，这肯定也是一种创伤，对吗？因此，虽然没有确切的证据证实，第一人称视角的射击游戏与成为枪手之间存在直接的因果关系，但我们还是需要搞清楚它们之间的联系，或是证明二者彼此不相关。

如果"不使用则淘汰"是大脑通过改变结构掌握技能的原则，那么，所有这些射击游戏，不论是第一人称视角还是第三人称视角，都必定会在孩子们的头脑中刻下印痕。特别是，在玩游戏时，孩子并非像看电视或观影那样被动输入，而是主动参与。此外，游戏还奖励杀戮。不论是第一还是第三人称视角，射击游戏中的角色都是你的另一种存在，一个在你的控制下奔跑、躲避、做出种种暴行的化身。这一点对大脑的影响还要更大。第三人称视角下的游戏角色或许在外观上并不像镜子里的你，但你们在情感上是紧密连接在一起的。所以，你的攻击行为不仅会获得游戏的奖励，也会得到大脑的嘉许。至少在我看来，这里的问题很明显：如果攻击行为激发了孩子大脑中的奖赏回路，我们至少就可以合理推测，只要在现实生活中遇到机会，他们就可能做出同样的事。因此，许多研究都在试图回答这个问题。

在我家孩子玩《堡垒之夜》之前，我只要说"不行"就够了。我家没有射击游戏，所以，即使我儿子在朋友家里玩过这些游戏（他后来告诉我他玩过），他的接触也是有限的。但在开始玩《堡垒之夜》，这种游戏角色绝不会流一滴血，反而还跳舞（有些动作相当精彩）的游戏后，"不行"就变成了可以姑息一阵子的地地道道的"好"。同时，我也不禁要问："这种经过处理的暴力，到底该如何分类？还有，总想着成为岛上唯一的幸存者，即把其他玩家赶尽杀绝，这种思维方式又会造成怎样的影响？"简单说，没有人知道。如果多项研究表明，逼真的第一人称视角射击游戏与现实生活中的涉枪暴力事件没有关联，那么谁还会去指责《堡垒之夜》这类卡通化的第三人称视角射击游戏呢？但是，随着牵涉其中的孩子年龄越来越小，游戏在整体上又会造成怎样的影响呢？它们会在孩子们的大脑里刻下怎样的印痕？会不会激发他们大脑中的奖赏回路？显然，我完全无法让自己相信，游戏与美国时下涉枪暴力事件频发毫无关联。

最后，跟美国的大多数父母一样，我也在没完没了地权衡暴力视频游戏的优点和缺点，想把它们与现实生活中层出不穷的涉枪暴力事件联系起来，或者完全洗脱它们的罪名。绝大多数男孩都不会拿起枪伤害他人，在学校行凶，甚至都不会去想这些事情。但我们身边确实有极个别内心极度愤懑却又无处纾解的人。问题的核心在于他们极度缺乏化解内心冲突的技能。此外，他们也有途径得到枪支。在美国，枪支不仅多得惊人，而且十分容易获得。枪支的销售、分配和使用极度缺乏监管，问题极多。例如，美国没有在国家层面施行强制背景调查，对军用攻击性武器和配件的销售没有限制，各州的拥枪等待期不一致，在国家层面也没有统一规定。这些问题都使美国的涉枪暴力事件大大增多。

在美国，抑郁症和焦虑症的发病率正在不断升高。新近的研究表明，感到孤独的男孩更有可能携带枪支，特别是在亲子关系欠佳的情况下。亲子关系的好坏与父母跟孩子在一起的时长完全是两码事。父母去工作还是在家带孩子并不重要，重要的是孩子在身边时亲子互动的质量和亲子感情的深度。孩子在家感到孤独的原因是缺乏温暖、沟通和情感。如果孩子碰巧患有抑郁症，并且家里有枪，结果就可能会是致命的。是的，例如，引发大规模枪击案或校园枪击案，但引发自杀的可能性要远高于前两者。

说到底，男性远比女性更常使用枪支。这一趋势虽然始于童年时代，却会在青春期迅猛发展。这时的男孩开始大量分泌睾酮激素，开始关注同龄人的想法，开始饱受社交媒体和电子游戏的冲击，而他们的大脑尚未成熟，发育不平衡，他们也恰恰在这个时候变得不爱与父母说话了。涉枪暴力事件不应该成为孩子们的梦魇，可我们毕竟生活在一个枪支泛滥的国家，于是，我们必须讨论所有的话题，不仅仅是枪支的妥善保管和暴力画面的脱敏作用（当然这些话题也是必须要谈的！），我们还要谈论应对内心冲突的各种策略，以便家中的男孩能够管理好他们的情绪，而不致求助于枪支，发生悲剧。谈话从未像今天这般重要。

如何与男孩谈论枪支和涉枪暴力

1.谈论死亡。大多数人都不喜欢这个话题，但涉枪暴力的最终后果就是生命的丧失。看到某个演员在一个节目中被枪杀，又在另一个节目中出现，小一些的孩子可能会搞不懂死亡到底意味着什么。大一些的孩子开始知道死亡是怎么一回事，可许多孩子极其恐惧死亡，甚至拒绝讨论这一话题。或者，他们只知道别人有可能死，却不知道自己也可能遇到这种事。这是个极有意思的话题。如果你看到了描绘涉枪暴力的图片，或是听到了枪击事件的新闻报道，那么就要抓住机会讨论这个话题。一开始，当你和你的儿子在电视上看到、在书上读到或亲眼见到值得一谈的事情时，你不妨简短地问他一句："你在想什么？"

2.纾解焦虑。学校的模拟枪击演习或许能让孩子们为这种可怕的事情做好准备，但它们也可能给孩子带去深深的恐惧。所以，你需要了解孩子学校举行这类演习的具体时间。如果学校没有事先通知家长，那么就请他们开始这样做。这样一来，你就可以在事后问孩子一些问题，比如，演习的感觉如何？如果发生了这种事，你打算怎么做？你觉得能不能提前做点什么来预防枪击事件的发生？

3.防止孩子接触枪支，并解释原因。虽然拥枪权的合理性存在争议，但几乎所有人都同意，有途径获得枪支和弹药是青少年涉枪暴力犯罪的一大风险因素。你需要跟孩子谈谈这个问题。如果你家里有枪，你就要把枪中的子弹卸下，把枪锁起来。请你的亲戚和朋友也这样做。跟孩子解释，为什么这么做是存放枪支的正确方式。这不是信任问题，而是安全问题。

4.在需要时获取帮助。在美国，自杀是枪支致人死亡的最常见方

让孩子远离电子游戏

所有的电子游戏都会对孩子造成影响。这种影响发生的时点和方式或许各不相同，例如，拼写游戏或许就不会像第一人称视角射击游戏那样容易让孩子兴奋，但只要游戏时间足够长，孩子的行为都会发生改变。你可以借助下面这些做法来预防孩子在玩电子游戏时出现情绪躁动：

1.搞清楚孩子的神奇时点。 大多数孩子的情绪躁动都会发生在特定时点之后，而且这一时点往往相对稳定。对有些孩子来说，这一时点是半小时，而对另一些孩子来说，这一时点则可能会长得多。尽可能去了解孩子连续玩多久后会变得暴躁易怒，此后不要再允许他玩那么久。你可以设置计时器来提醒自己。如果孩子需要的话，你也可以提前五分钟提醒他一次。尽力让他在情绪躁动前关掉游戏。

2.设定游戏规则。 在孩子玩电子游戏之前，你要先跟他设定一些规则，例如，什么时间结束。你也要跟他约定违反规则的后果，这样当他在游戏时间结束与你争吵时，你们就已经预先商量好会发生什么。最简单的做法就是停止让他玩游戏。如果他很难摆脱游戏，那为什么还要让他再去接触游戏呢？

3.把游戏设备拿出孩子的房间。 说服孩子结束游戏一般是非常困难的，假如他能在自己的房间里继续玩游戏，那么他就可能会一直玩个不停。我必须提醒你，今天的游戏大多都能轻松实现跨平台运行，能够适配多种电子设备。如果你允许孩子把手机带进他的房间，那往往就等同于放任他在任何时间玩游戏。孩子的房间里不可以有任何电子设备。

4.不值得为了游戏而争吵。 如果在结束游戏这件事上，你发现自己陷入了跟孩子无休止的争吵中，那就暂时不要允许他玩游戏了。这种事根本不值得你去折腾。你只需把游戏设备收起来，把应用程序从手机和移动设备删除，并且仔细检查它们是否也藏在笔记本电脑里。你也可以通过设置"儿童模式"来简化上面的步骤，你只需搜索相应的视频详解，然后逐步照做即可。还有，你要抓住时机向孩子解释清楚，你为什么暂时不允许他玩游戏了，或者让他知道，他结束游戏后的情绪跟平时有多么不同。

式。所以，哪怕你在孩子身上只察觉到一丁点异样，你也要及时跟他了解情况。不是只了解一次，要经常了解。例如，最近过得怎么样？你平时跟谁一起玩？你看起来有点不开心，遇到什么问题了吗？如果他表示需要帮助，那么请联系你的儿科医生或学校的咨询师。如果他嘴上否认有问题，但你直觉并非如此，那么你也要去联系他们。除本地医疗机构外，还有许多不错的网站，你能通过它们找到心理自助服务和自杀预防中心。

我要讲的讲完了，现在该你去谈了

经过多年的治疗、教学和写作，我更加确信，谈话是健康、幸福的关键，甚至关乎生命的存续。这一点不仅适用于家中的男孩，也适用于所有人。与男孩谈话能帮助他们安全、健康地成长，正如我们与女孩谈话已经做到的那样。我们应当及早与孩子进行开诚布公的谈话，哪怕这一过程是尴尬的、磕磕绊绊的，或者有时是只呼不应的，哪怕话题是生理变化、性、毒品和枪支。因为这么做能帮助他们更好地应对未来生活中的困难，大大降低他们遭受伤害的可能性。这些谈话必须名副其实，也就是说，我们必须放下我们手里的电子设备，孩子也得放下他们的电子设备。这么做能让彼此的心贴得更近，也能让彼此少看一些电子屏幕上的画面（有时是暴力画面，有时是虽然很美却让人分散注意力的画面），至少是在一段时间内。

这本书里有许多谈话技巧，但是，只有用过，你才能知道哪些技巧最适合你。个性与环境共同决定了人与人如何沟通，在何时、何地沟通，以及沟通到什么程度。谈话能让我们表达想法，获得反馈，进而调整自己的言行。谈话是一切友谊和情爱的根基；人行走在世间，许多时候都在被脑海中他人的声音所引导。那么，我们为何不让谈话成为养育青少年（不论男孩还是女孩）的重要手段呢？

对于涉枪暴力、色情内容、形体焦虑等对青春期男孩有严重影响的所有事情，谈话最终能产生直接的作用吗？我确信，答案是肯定的。欢迎你来测试我的理论，这么做至少没有坏处。

附录

青春期男孩的生物学
一切都会变大

欢迎你来查看关于青春期男孩生理变化的揭秘知识。简单说，进入青春期后，男孩们的嗓音会变得更加低沉，皮肤会变得更加油腻，体味也会更加浓重，而且几乎所有东西都会变得更大。

不论你对人体的发育过程无所不知、知道不少，还是只略知一二，我都建议你继续读下去。因为，孩子进入青春期后，你会希望你能向他解释清楚，他的身体里到底在上演什么戏码。在下面的内容里，我会概要地介绍男孩到男人转变过程中的各种机制。这些内容或许能为你打开一扇了解你家男孩的窗口。或者至少，它也能带给你一些"原来如此"的感叹。

不过，在这一介绍正式开始之前，我需要首先说明几件重要的事。第一，有的人用"青春期"这个词来描述一系列新出现的身体特征，而另一些人则认为是它引发了这些身心改变的一连串化学物质的变化。在本书中，我对青春期的理解属于第二种。也就是说，至少在我（以及我认识的大多数科学家）看来，青春期并不会大张旗鼓地开启。因为，睾酮只会慢慢地将男孩转变为男人。

第二，当肉眼可见的青春期特征开始展现后，虽然它们大致会以某种顺序出现，但绝对正确的顺序并不存在。也就是说，我们无法准确预知孩子的身体会在什么时间出现什么变化，以及这种变化能够达到什么程度。青春期是不可预测的，这一点确实非常难办。孩子属于早发育还是晚发育？他的痤疮会有多严重？他什么时候会变声？他的个子到底还能长多少年（或多少个月、多少天）？除非医生给你的儿子做了一系列实验室检测和X射线检查，否则没人知道这些信息。而即使做了这些检查，医生的回答也往往相当模糊。如果有人跟你说了别的，那么他们就是在撒谎。

　　每当谈及青春期，不管是男孩的青春期还是女孩的青春期，我都会做出以上两点说明，因为大部分人都认为"正常"是令人放心的，而除此之外的一切情形都可能是奇异的、病态的，有时甚至是可怕的。因此，如果想要弄清楚孩子的青春期是否"正常"，我们就一定要给自己留出余地，因为严格意义上的"正常"几乎不存在。

　　不过，正如你将在下面的内容里读到的那样，在青春期的许多年里，孩子们的身体确实需要实现一长串改变。而且到青春期结束时，你家的男孩必定能把它们一一完成。假如我强行把它们按时间顺序排列起来，准确说明孩子的身体会在什么时间发生什么变化，那么青春期多半是不会这样干的。这一事实对我们这些做父母的来说很重要，但对我们的孩子来说尤其关键。因为，青春期是一段想要顺应或融入某个群体的时期（在他们想要叛逆之前），而青春期的不可预测性意味着，每个身处青春期的孩子都会感受到自己在某种程度上的不合群。正在经历身心剧变的他们最好能够知道，不论他们在镜子里看到了什么，或是在心里感受到了什么，都没有任何问题。

　　因此，我按字母顺序①列出了孩子将在青春期里迎来的各项生理变化，以及相应的简要生物学解释。由于这些特征的出现并不遵循特定的

---

　　①中文版按汉语拼音字母A~Z的顺序排列。——中文版编者注

次序，所以，我也没有比按字母顺序排列更好的方法来罗列这些信息。

还须提及的是，我略去了关于大脑的生理变化。虽然大脑也是身体的一部分，而且在青春期变化巨大，但书中对大脑的介绍已经非常详细，特别是在第5章和第9章里，大脑是绝对的主角，因此就不在这里赘述了。

闲话少说，下面就是青春期男孩的生理变化清单。

变 声

所有走过青春期的人嗓音都会变粗，男孩和女孩都是如此。不过，一般女孩声调降低并不十分明显，但男孩不是这样。

声音的改变是由喉部的生长造成的。喉部是由小块肌肉、韧带和软骨组成的管道。它位于颈部内的气管之上，是通往肺部的主要气道。鉴于它的位置，喉部扮演着许多关键的角色：它能及时关闭，防止食物等不该进入气道的东西进入气道，发挥保护作用；它有助于人体正常呼吸和咳嗽；它还负责发声。

在青春期，睾酮能刺激喉部生长。它还能让声带（跨越喉管中部的两片带状肌肉）伸展和增厚。当空气从肺部向上通过喉部并穿过两片声带间的缝隙时，声带就会振动，产生声音。由于在青春期里，喉部和声带的形状会发生改变，因此振动也会改变，导致声调降低。不过，这一过程并不是平顺发生的：随着声带长长和增厚，孩子可能会意外地发现，自己的嗓音变得非常嘶哑。不过，在通常情况下，孩子的嗓音在几个月内就会稳定下来，那些意料之外的嘶哑声也会消失。

由于睾酮能够影响喉部的整体生长，而且，由于喉部位于颈部，就在皮肤下面，所以，这里的生理变化可能会非常显眼，特别是前面那块绰号"喉结"的软骨。从青春期中期开始，你或许就能看到孩子上下活动的喉结。

值得注意的是，睾酮并不是影响喉部发育的唯一激素，雌激素和孕激素也能影响喉部的发育，只是作用较弱，所以，女孩的声调降低远没有男孩明显。

应对变声三法

1.声音出现嘶哑时，随它去。这种事一般没人在意。如果孩子在学唱歌，那么可能会有一些影响，这时可以向有经验的专业人士寻求建议。

2.过一阵子就会好。变声只是暂时现象。没有什么药或什么饮料能消除变声期的不适。但是，请放心，只要几周或几个月，问题就会自行解决。

3.接纳新嗓音。变声期过后，孩子常会听到别人（例如，很久没有见过他的某个成人）说，"天哪！你的声音怎么变得这么粗！"对于这样的评论，有的孩子可能会感到非常尴尬，甚至会为此而生气。这时，你可以鼓励孩子事先准备好应对这类评论的回答方式。因为，如果孩子听到过一次，那么他几乎肯定还会再次听到类似的评论。例如，可以简单回答："是的。"

勃起

虽然婴儿也可以勃起，但是，进入青春期后，勃起可能会一下子成为一件大事。部分原因在于，孩子的阴茎长大了，所以会更加明显。同时，这也是因为勃起的频率增加了。进入青春期后，勃起似乎随时随地都在发生（严格来讲并不是这样，但是，考虑到男性一般白天勃起约11

次，晚上勃起大概四五次，那么，孩子可能就会有这种感觉）。

下面，我介绍一些关于勃起的基础知识。阴茎里并没有骨头，勃起的阴茎变硬是血液充盈两块阴茎海绵体组织的结果。它们位于尿道（即将尿液从膀胱输送到阴茎顶端的管道，也是青春期及成年男性输送精液的管道）两侧。在勃起期间，阴茎海绵体内的肌肉会放松，使流入阴茎海绵体的血液多于流出的血液。这些血液被阴茎海绵体表面的白膜暂时困住，致使阴茎海绵体内压力增大。于是整个阴茎充血，变硬，并且保持这一状态，直到阴茎海绵体内的肌肉再次收缩，将困住的血液释放。

有一种说法是"阴茎骨折"，但由于阴茎里没有骨头，所以确切地说，阴茎是无法骨折的。这个词来自一个世纪前，并一直沿用到今天。实际上，阴茎骨折是其中的白膜撕裂。发生这种情况的前提是，阴茎必须是勃起的，并且还要遭受某种钝挫伤，例如，强行发生性行为，手淫用力过度，在阴茎勃起时打滚或摔倒，或是受到紧身裤压迫——这些原因不是我编造的。尽管摔倒或打滚后折断阴茎的情况十分罕见，但医学文献中都有记载。[①]

男性会因为与性有关的想法和感受而勃起。进入青春期后，这类想法和感受会首次出现。男性在睡眠中也会勃起，尽管这通常只发生在更深的快速眼动睡眠周期中。大多数男性反映醒来时常有勃起，虽然不是每天都如此。男性也会无缘无故地自发勃起，甚至可以发生反射性勃起，例如，在紧张、恐惧或愤怒时（基本与性无关）。在我的健康教育课上，女孩们经常抱怨月经让她们在生理上吃亏。这时我就会告诉她们，男孩会有自发的和反射性的勃起。突然间，她们的抱怨就会少很多。

---

①更为离奇的解释（例如阴茎被掉落的砖头砸伤，这种记录竟然并不罕见）出现在互联网的各个角落，例如，博客和医学期刊。我们可以想一想，为什么这类离奇的理由随处可见？因为，我们显然无法用有人摔倒压断了勃起的阴茎这种事（是的，这是有正式报道的）来警示家中的男孩。这些所谓的"记录"提醒我们，性在全世界都是禁忌话题，男性不得不向医生夸大其词或撒谎，以此来掩饰他们当时正在做的事情。

应对勃起三法

1.尽量坐下来，不要站着。这样别人就不会注意到。

2.把手插进裤子口袋。这么做能把裤子前面撑起来，于是勃起的阴茎就不那么显眼了。

3.穿较为修身的内裤。我在后面会介绍，穿宽松的内裤有助于减轻体味。但内裤越是宽松，阴茎的活动空间也会变得越大。因此，如果勃起总是给孩子带来麻烦，那么你就可以给他穿稍微紧一些的内裤，例如，平角裤或三角裤。但是，内裤也不宜过紧，因为压力过大会让孩子感到不舒服，还容易摩擦和刺激皮肤。

（什么？你居然不提不要想喜欢的人，把注意力转移到别的事情上？如果引发勃起的原因与性有关，那么转移注意力应该有用。但勃起一般没有明显的原因，所以，改变想法往往无法解决问题。）

痤 疮

青春痘、痘痘、粉刺、暗疮、白头粉刺、黑头粉刺，不论如何称呼，它们都是皮肤表面不受人欢迎的凸起。它们既能在青少年的脸上留下瘢痕，也能在他们的心里留下伤疤。痤疮是身体本就在经历剧烈变化的青少年们的又一大困扰，这种现象非常普遍，全世界大约85%的青少年和成年不久的年轻人都有这种皮肤病。是的，你没有看错，地球上绝大部分孩子都会得这种病。

痤疮之所以会存在，是因为我们的皮肤上有许多小孔，通常称为

毛孔，用医学术语讲就是毛囊皮脂腺单位。从皮肤表面看，**毛囊皮脂腺单位像个小坑**，但它实际上是深入到皮肤以下的，状似化学实验里的长颈烧瓶。每个毛囊皮脂腺单位的底部都有一个毛囊（毛囊里生长有毛发）、一个皮脂腺（分泌油性物质）和一小块立毛肌（这就是毛发能竖起来的原因）。我们每个人的皮肤上都分布着大约500万个毛囊皮脂腺单位。

毛囊皮脂腺单位很容易堵塞，特别是在青春期里。这是因为，青少年所分泌的大量激素会让毛囊皮脂腺单位内壁细胞增殖，进而堵塞它的长颈，恰似用软木塞塞住酒瓶口。同时，在毛囊皮脂腺单位底部，毛囊继续生长，皮脂腺也分泌皮脂，于是这些毛发和皮脂几乎就会不可避免地被困在里面。

一旦毛囊皮脂腺单位堵塞，氧气就无法到达其膨大的底部，一些厌氧菌便开始在其中生长，其中最常见的就是**痤疮丙酸杆菌**。这些细菌以皮脂为食，并且迅速繁殖，从而开启了它们的黄金时代。直到有一天，由于皮脂、细胞、细菌和毛发积压太多，毛囊皮脂腺单位最终发生了破裂。有时，毛囊皮脂腺单位会像迷你火山一样在皮肤表面向外喷发，但在大多数情况下，破裂发生在它的底部，如同厨房垃圾袋装得太满，底部有垃圾漏了出来。随后，人体的免疫系统就会开动起来，清理这个烂摊子。这时，毛囊皮脂腺单位就发炎了，还常常导致皮肤发红、肿胀。如果你想知道，为什么同是一张脸上的痘痘，有的看上去更加夸张，那么你现在应该已经知道了，这全看免疫系统有没有被充分调动起来。

倘若你想揪出痤疮背后的罪魁祸首，那就怪罪引发了青春期的激素好了，例如，雄激素。当血液中的雄激素水平上升时，毛囊皮脂腺单位所分泌的皮脂就会增加。不过，研究者大多认为，痤疮的产生不只是因为血液中出现了新的激素，还因为激素水平剧烈波动。在青春期后期，血液中的激素水平虽然已经不再大幅上升，但波动却相当剧烈，正是这种波动导致了青春痘的产生。

痤疮会公然出现在身体最明显的部位，例如，面部、颈部、胸部和背部。但不论它们长在哪里，只要经常清洁皮肤，症状一般都会好转。这是因为，温和的洗面奶或没有刺激性的肥皂可以洗去毛囊皮脂腺单位顶部的"瓶塞"。清洁虽然有用，但许多孩子仍旧需要使用含有过氧化苯甲酰或维生素A（或同时包含两种成分）的祛痘产品来涂抹皮肤，以此解决毛囊皮脂腺单位深处的问题。这些产品有抗菌和消炎的作用，对青少年和成人都有很好的疗效。如果症状严重，我们还有处方药可供使用，例如，能够杀灭痤疮丙酸杆菌的抗生素，以及能够减少皮脂分泌、减轻炎症的维生素A衍生物。

当激素水平停止大幅上升后，痤疮的症状也会逐渐好转。但并非所有人的痤疮都会消失，许多成年人可以持续长痘痘几十年。但无论男女，痤疮的高发期都在15岁左右，并会随着青春期的结束而逐渐减轻。成年后继续长痘痘的现象与整个生殖期期间性激素的持续波动有关。胰岛素和胰岛素样生长因子等激素也与痤疮的发生有关。所以，虽然雄激素的水平到青春期后期会停止大幅上升，但体内的其他许多激素并不一定展现出现同样的变化趋势。[1]在这种情况下，人就会在一生当中不停地长痘痘。

痤疮预防三法（对你也有效）

1.早晚洗脸。洗得更频繁不仅没有任何作用，还常常产生副作用。

---

①一般认为，雌激素能抵消雄激素增加皮脂分泌的作用。这就是女性经常在月经来潮前长痤疮的原因——随着雌激素水平下降，子宫内膜开始脱落，而血液中的雄激素仍旧继续发挥作用。同样地，服用口服避孕药，特别是含有雌激素的口服避孕药的女性往往皮肤较为光洁。这是因为，避孕药能为人体补充激素，进而让体内的激素水平保持稳定，减少痤疮发生。

使用温和的，不含色素、香精和酒精的洁面乳或香皂。注意：不要让皮肤过度干燥，否则皮脂腺会认为它们需要分泌更多皮脂，进而引发痤疮。因此，洗脸后应使用保湿霜，或结合使用防晒霜和保湿霜。

2.避免激发肾上腺。肾上腺既能分泌雄激素，也是人体的压力反应中心。压力反应与炎症高度相关。记住，任何导致雄激素水平波动或炎症细胞聚集的因素，都会引发连锁反应，最终影响我们的皮肤。也就是说，从情绪紧张到睡眠不佳，再到高糖饮食等一系列原因，都可能直接或间接地引发痤疮。所以，保持皮肤光洁的最佳方法是采取健康的生活方式，例如，多饮水，保持睡眠充足，多吃天然食物，少吃加工或含糖食物，纾缓压力，远离各种有毒或刺激性物质。总之，要关爱自己，包括你的肾上腺。

3.不要摸脸。虽然抠脸不会引发痤疮，但肯定会加重炎症反应，增加感染并形成疤痕的风险。

体毛增多

青春期当然有体毛增多的现象，但它并不是青春期开始的标志。我在第2章里详细解释过这一点，但此处仍有必要简要说明一番。

孩子会长出阴毛、腋毛，随后是面部的体毛，但胳膊和腿上的体毛也会变得更加浓密，这些生理变化属于**肾上腺功能初现**，因为它们都是由肾上腺所分泌的各种激素控制的。正如《不同往常的青春期》一书作者路易丝·格林斯潘所说："肾上腺功能初现绝不是青春期！！"（这里的感叹号是路易丝加的，她确实说过，"这里要加感叹号！"）。她的意思是：青春期是由睾酮（男孩）、雌激素（女孩）等激素控制的，其发展方向是性成熟，具备生殖能力。肾上腺功能初现或许能让孩子的体毛大量生长，但它无法让他们具备生殖能力。所以，虽然父母和孩子们常常认为，体毛开始发育是青春期开始的标志，但你现在已经知道，事实并非如此。也有人认为，体毛尚未开始发育的孩子并没有真正进入青春期，事实也不是这样。肾上腺功能初现与青春期是并行的两条线，它们多数时候是步调一致的，但有时步调也不一致。

　　阴毛和腋毛往往在同一时间出现，或者至少在几个月内相继出现，但它们的生长情况可能完全不同，某一处的体毛可能非常稀疏，几乎看不到，而另一处的体毛则可能一开始就长得非常浓密。当然，也有一些孩子在腋体毛育很久后才开始长阴毛，或者反过来。胡子一般从靠近上唇的部位开始发育，刚开始非常稀疏。需要注意的是，即便是学龄前上唇就已经依稀长了胡子的孩子，也需要等那些胡子明显增厚后才能见到面部其他体毛的发育。随着时间的推移，孩子的眉毛会变得更加饱满，鬓角会长得更低，最终（通常在多年之后）下巴开始出现胡须。同时，四肢的体毛也会变粗，随后是胸体毛育，最初是在两个乳头之间的三角区域，但最终（通常也是在多年之后）会布满胸部，长到腹部，甚至长到后背。

　　体毛对人体确实是有作用的，所以，我们才会在接近成年时长出更多的体毛，虽然不如我们的猿类亲属多。我们身上的体毛能帮助我们在褪去婴儿肥后保持体温。我们鼻孔和耳朵里的体毛能保护我们免受灰尘和细菌的侵袭。至于我们为什么会长腋毛和阴毛，目前还没有达成共识，但有理论主张，这些体毛可以为免疫系统增加一条防线，或者它们的味道可以帮助人类吸引同类。（虽然我理解进化论，但这后一种理论似乎有点牵强。）

体毛护理三法（对所有人都有效）

　　1.如果他想开始刮胡子，那就帮他一下。没有规定必须要剃掉胡须。事实上，如今的许多男性都秉持着这样的观念——如果有，就无需隐藏。但是，如果孩子想要剃须，他就需要学习如何安全有效地使用剃须刀。这里有几条基本原则：不要用传统的直式剃须刀干着剃；不要用电动剃须刀湿着剃（除非其专用于这一目的）；以及永远不要使用看起来很旧或生锈的刀片。

2.皮肤的状态是关键。在皮肤温热、略微潮湿的情况下，剃须效果最好。要么在淋浴后剃须，要么先用温水洗把脸。剃须前，脸必须干净、没有污垢。至于用什么洗护产品和剃须膏，这要依剃须刀的类型和个人偏好而定。

3.如果体毛长不出来。有时，体毛暂时无法从皮肤中长出来，而是会盘在角质层里。卷曲的体毛尤其容易出现这种情况，有时会导致毛囊发炎，看上去像是生了痤疮，其实只是因为体毛没有长出来。遇到这种情况，切忌用手去抠！如果导致毛囊发炎，你可能需要带他去看皮肤科医生。预防时，你可以用毛巾或柔软的丝瓜络蘸上肥皂水来清洗体毛发育的部位，以此来去除阻碍体毛生长的死皮细胞。

情绪化

进入青春期后，只有女孩才会情绪化，对吗？不对，男孩也会情绪化，只是跟女孩的情绪化有所不同。当然，我这里只是概括性地谈谈，因为每个孩子都是不同的，你的孩子有可能不是这样。不过，对于我们时常能够见到的情形，讨论一番还是有必要的。

在青春期，大量分泌的激素，特别是睾酮水平的起起伏伏，会影响孩子的整个身体。人体有循环系统，血液循环往复，所以，与颈部以下的部位一样，大脑也饱受激素高峰和低谷的冲击。人类还并没有足够的科学知识来准确识别，身体所分泌的那些与青春期密切相关的激素等化学物质都影响大脑的哪些部位。但我们知道的是：在睾酮首次大量分泌时，男孩们的情绪也会发生变化。一些孩子会变得沉默、害羞，一些孩子会变得冲动易怒，而大多数孩子兼有这两种情形。还有一些孩子一如往常，心态平和，就像他们在睾丸增大之前那样。

我在本书里多次提到了男孩们的情绪化，特别是在第2章和第5章。但是，我从来没有见过哪个孩子能够接纳这种喜怒无常的感觉，所以，我有必要在这里再次提及，青春期的情绪波动是完全正常的，就像青春期开始前和结束后的情绪波动一样。但是，不论他们想把整个世界关在门外，还是想不顾一切地去做什么事情，这种情绪波动往往伴随一系列身体变化而发生，所以，我认为它们应当属于青春期的一大标志。

情绪安抚三法（对所有人都有效）

1.给自己空间。从一数到十，或者走开一小会儿。如果你发觉自己的情绪正在变坏或已经变化，那么，就可以在身心两方面给自己留出一点空间，以此来帮助我们平复心情。

2.未雨绸缪。预先想好，心情不好时要做些什么。这样一来，我们就不必事到临头再想办法。如果我们有机会提前考虑应对之策，那么效果往往会比不这样做好得多。角色扮演的价值就在这里。

3.向他人和自己道歉。我们在汹涌的情绪中很难做到善待他人，所以，如果你欠别人一个道歉，那就去说对不起。同时，你也要学会放自己一马，因为与宽恕他人相比，我们往往更不善于宽恕自己。

体 味

如果体温过高，汗腺就会分泌汗液，为皮肤降温。出汗是人体非常精妙的体温调节系统。不过，这一过程也会在毛孔表面留下污渍，进而使我们闻上去一股汗味。所有年龄段的人都是这样，但进入青春期的孩子尤其容易出汗。

汗水本身通常是没有味道的，但我们身体里有两种汗腺，其中一种汗腺更容易导致臭味产生。小汗腺（外泌汗腺）分布在身体各处，产生的汗液主要是水分。大汗腺（顶泌汗腺）集中在生长有毛发的部位（例如，头皮、腋窝和腹股沟）和皮肤褶皱折叠且阳光照射不到的部位（例如，肚脐、肛门和耳朵）。这些腺体所分泌的汗液含有脂肪酸、蛋白质和氨、尿素等代谢废物。大汗腺分泌物中的蛋白质非常受细菌欢迎（我们的皮肤上有很多细菌）。因此，当我们的大汗腺忙着为我们降温时，它们也会为周围的细菌提供一顿盛宴。经过细菌分解，汗液中的蛋白质就会转变为一种具有独特气味的酸。每个人身上的气味都不一样，这取决于皮肤上细菌的种类和数量、汗液中蛋白质的种类和数量，以及其他因素。但是，总的来说这些味道都是一种臭味，我还没有见过哪个人的汗水闻起来像玫瑰花香。

孩子们在青春期开始产生体味，因为在这个时候，他们的大汗腺会变得更加活跃（这也是雄激素的功劳！）。实际上，青春期最常见的早期迹象之一，往往是汗液大量增加。别忘了，青春期的进展没有绝对的正确顺序，所以，你家孩子有可能不是这样。但一般来说，到五年级后，大多数老师都会建议他们的学生开始使用香体剂。

既然说到了香体剂，我就来简单介绍一下它的作用原理。香体剂能杀死皮肤上的细菌，虽然不能将细菌完全杀灭，但能杀灭大部分。这样一来，当富含蛋白质的汗水分泌出来后，皮肤表面就没有足够的细菌来产生带有腥臭味的酸性物质了。不过，这些细菌很快就会重新繁殖，所以香体剂要每天使用才能发挥作用。止汗剂是用来防止出汗的，但同样也不能让汗水完全消失。它只能减少汗液中蛋白质的含量，让细菌少吃一些。这样一来，细菌所释放的带有腥臭味的酸就减少了。药店货架上去除体味的产品大多兼有止汗剂和香体剂两种成分，这样双管齐下效果最好。

你知道怎么做不起作用吗？那就是想用更强的气味来掩盖汗味，有的产品就是这种设计思路，并且迷惑了不少青春期男孩，但这么做是没用的。另一种去除体味的失败做法是不用肥皂洗澡。洗澡之所以能让我们变得好闻一些，是因为我们用肥皂清除了皮肤上的细菌、蛋白质和酸性物质。如果只是站在自来水下面冲冲，而不使用肥皂来把这些"罪魁祸首"洗掉，收效只会非常微弱。

许多人表示闻不到自己的体味，一定程度上说确实如此。走在路上，我们往往闻不到自己身上的气味，不论是好闻的气味还是不好闻的气味，但一般都能闻到别人身上的气味。尽管如此，我们也不妨闻闻自己的腋窝，以此来体会别人可能会有的感受。你可以把这种简单的自查法教给你的儿子，这么做能帮助他保持个人卫生。

减少体味三法（对所有人都有效）

1.用肥皂洗澡。如果没有时间或没有机会洗澡，那就用湿海绵蘸上肥皂水反复擦拭有味道的部位。肥皂能减少皮肤上的细菌和残留的酸性物质。

2.使用止汗剂和香体剂。有的人选用商店购买的止汗剂和香体剂，但另一些人并不喜欢这些产品中的某些成分。你可以选择适合你自己和家人的产品，但要远离含有香水和色素的产品，这些成分会刺激皮肤。另外，瓶子上有"天然"字样并不代表里面的产品对你来说是安全的或健康的。在化妆品领域，"天然"二字毫无意义。[①]

3.通风。我们身体上有很多部位（实际上是大多数部位）不适合涂抹止汗剂或香体剂。最容易发臭的是被衣服包裹着的部位，因为这些部位出汗更多。例如，我们的脚和腹股沟。对这些部位而言，空气是很好的清新剂。如果你的儿子晚上回到家，你就可以让他脱掉鞋子和袜子（你可能得躲开几分钟，那种气味可能会非常强烈），穿上人字拖、拖鞋，或者干脆打赤脚。晚上，你也可以让他穿着宽松的内裤或不穿内裤睡觉，以便空气能够在他的腹股沟处循环。

梦 遗

如果青春期的全部意义在于达到性成熟，拥有生殖能力，那么梦遗就是个好现象。当**精液**（精子和睾丸及附属腺体分泌液的混合物）在睡梦中射出时，孩子并不知道，直到第二天早上醒来，他才发现床上有一块地方湿漉漉的，这就是梦遗（又称**遗精**）。梦遗是孩子的身体即将拥有生殖能力的表现。

许多男孩会认为，那片湿湿的东西是尿液（当然不是）。至少在前几次梦遗后，很多男孩都会因为这种事而感到尴尬（不过他们大多都能接受这一事实）。对大多数男孩来说，能够了解梦遗和手淫的不同将会非常有帮助。两者在主观意识上完全不同。手淫是以自我愉悦为目的的性活动，常会引发伴随射精的性高潮；而梦遗发生在睡眠

---

①实际上，"天然"这一标签没有任何价值。我完全可以说，你正在读的这一页是"天然"的，你坐的椅子、你写字用的笔，还有你喝水用的杯子也都是"天然"的。我认识的大多数医学从业者都对这一点颇为不满，他们当中有医生、有护士、有营养师，也有公共卫生人士。如果你去超市购物，那就一定要谨防落入这个圈套……

中，没有自我愉悦的目的。

据报道，梦遗是相当普遍的，高达80%的男孩都会梦遗。不过，这方面的研究并不充分。因为它既不是医学所关注的领域，也没有多少青少年自愿参加这种研究。因此，80%这一数字可能存在明显的高估或低估。很多成年男性说他们从未有过梦遗。而对有过梦遗的人来说，梦遗发生的频率也差异巨大，有的每周都会有几次，有的相隔数月才会有一次。这方面的研究数据不多，所以我们很难描述常见的情形是什么样子。总之，有梦遗是正常的，没有梦遗也是正常的。

梦遗后要做的三件事（给男性的建议）

1.清理。既然床单总得有人来清理，那么就应当是弄脏了床单的那个人来做这件事。况且，这也不是什么麻烦事，因为梦遗一般只会弄脏一小块地方，用湿布擦擦通常就可以了。

2.梦遗了，不要觉得羞耻。梦遗是完全正常的，不是什么不好的或错误的事情。

3.没有梦遗，也不必觉得羞耻。因为那也是完全正常的。

长个子

如果你想催促孩子上床睡觉，那么每次只需告诉他：睡觉有助于长高。因为事实就是如此。人体在休息时，只要骨骺没有闭合，骨骼就有机会长长。这是因为，脑垂体能分泌生长激素（脑垂体也能通过分泌黄体生成素和卵泡刺激素来激活男孩的睾丸和女孩的卵巢，以及通过分泌促甲状腺激素来指挥甲状腺调节人体的能量消耗）。在深度睡眠期间，脑垂体能分泌大量生长激素，进而促进全身骨骼生长。生长激素不仅能促使人长高，它对人体的新陈代谢也有重要影响。所以，即便我们这些成年人的身高在缓慢下降，我们的脑垂体也仍旧在分泌生长激素。不过，对身处青春期的孩子们来说，生长激素确实能在很大程度上决定他们的身高。

进入青春期后，孩子们会迎来他们的生长高峰。在生长高峰期，他们的所有长骨（以及许多较小的骨骼）都会长得比平时快50%~100%。这一时期通常会持续几年，有时也会持续更久。生长高峰期结束后，生长并不会完全停止。对大多数孩子来说，他们还能在骨骺闭合并达到最终身高前再长高几厘米或十几厘米。虽然生长激素对这一过程的直接影响究竟有多大还存在争议，但是，在生长高峰期，它在体内的含量确实翻了一番，这一点就是它在其中发挥了核心作用的明证。

青春期并不是孩子们的第一个生长高峰。在满周岁前，婴儿一般都可以长高25厘米（我见过许多孩子长了30多厘米），体重比出生时增长了三倍（我也见过体重增长更多的）。随后，孩子的生长速度会逐渐放缓，并持续若干年。至于什么时候孩子会再度进入生长高峰期，个体差异极大。不过，平均而言，女孩的这一年龄在10岁左右，男孩在11岁或12岁左右。所以，孩子刚升入初中时，班上的女生通常会比男生高一些。但是，青春期孩子的成长过程是无法预知的，他们的生长高峰何时到来，会持续多久，这都是说不准的事。不过，男孩的生长高峰期一般会比女孩长一年（所以，成年男性比成年女性平均高十几厘米），但这也仅仅是一般情形。

遗传因素对人最终能够长多高影响很大。孩子最终身高的最佳预测值是父母身高的中间值，可用下述公式计算，最后上下加减5.1厘米。

男孩：$$\frac{（生理学母亲的身高+12.7厘米）+生物学父亲的身高}{2}$$

女孩：$$\frac{生理学母亲的身高+（生物学父亲的身高-12.7厘米）}{2}$$

如果你想预测孩子的身体发育，特别是身高，那么你就要注意：虽然上面的公式能计算出大多数孩子最终身高的范围，但例外情形也相当多见。有时，这种偏离与疾病、营养不良或外界压力有关，也有时候，这是因为孩子的长辈中有特别高或特别矮的人。例如，你有个从未见过的身高1.91米的姑姑，或者你听家人说起过，某个曾曾曾祖父身高只有1.5米。他们的基因会在家族中传递下去，可能会让孩子的身高远高于或远低于预期。

长高三法（我见过的几乎所有孩子都会问这个问题）

1.要睡好！睡眠的数量和质量对长高都很重要。睡前可以做一些有助于入睡的事情并养成习惯。可以设置合理的熄灯时间。卧室也要安全、舒适。

2.要吃好！我的儿子在两年当中长高了将近30厘米。我十分关注他都吃了哪些东西。虽然从体重的角度看，多吃点垃圾食品似乎影响不大，但不论从短期还是长期来看，食物的质量都与人的健康息息相关。此外，养成好习惯是孩子长年保持健康的关键。

3.心情也要好！说得容易，做起来难……但是，只要心情好，孩子就会加速长高。此外，如果营养和睡眠都正常，那我们基本上就不需要再采取其他措施了。心里的担心放下后，我们往往也会睡得更好，吃得更香，如此进入良性循环。因此，如果你担心孩子的身高，那么就可以找医生谈谈，最好是儿科医生或儿科内分泌专家。你也可以告诉自己耐心一些。

致 谢

我的母亲让我养成了写感谢信的习惯，于是我想，这就是我乐于写这篇致谢的原因。我首先要感谢我的家人。在一本书的致谢部分，家人一般是放在最后来感谢的（所谓把最好的留到最后），可由于他们对我所做的一切都十分重要，所以，我想首先感谢他们。感谢我的丈夫保罗，你是我的港湾、我的编辑、我的智囊团，你是这个星球上最善良的灵魂（几乎所有见过你的人都这么说）……如果地球上的所有男孩都能长成你这样的人，那么这个世界会更加美好。谢谢你真心待我，为我创造从事这项工作所需的空间，还多次及时写小字条鼓励我。你还不时纠正我对于"身为男性是怎样一种感觉"的认识。我还要感谢我们的两个孩子，塔利娅和瑞……虽然我永远都不会知道养育别的孩子是什么感觉，但我确信，我对你们的爱已经无法更深了，我们的欢笑已经无法更肆意了，我心中的自豪感也已经无法更充盈了。在成长的道路上，拥有一个靠教书和写作来普及青春期知识并以此为生的母亲不是一件轻松的事。你们俩做得很优雅，很轻松。你们没有意识到，你们是我最重要的老师。

感谢我的母亲，感谢你教我写感谢信，也感谢你无尽的爱。感谢我的三个兄弟，格雷格（Greg）、安东尼（Anthony）和塞思（Seth），你们是我最早解码的男孩。感谢你们给我的灵感，更不用说生活的教训了（但是你们的恶作剧除外）。感谢乔（Joe）、伊德尔（Idell）、巴布（Barb）和扎克（Zach）、艾米（Amy）和史蒂夫（Steve）、西德（Cyd）和雷姆（Rem），你们让这个家变得温馨无比，每顿家庭晚餐都不乏鼓励和脑力激荡，还趣味满满。

在过去十年里，我为孩子们写了许多本卡通风格的健康手册。这些手册里没有放置"致谢"的空间，甚至连一句献词也无处安放。因此，虽然对于《解码青春期男孩》一书，我有许多人需要感谢，但我首先想到的还是从2011年起就与我一起打拼的老友、美国女孩公司的编辑芭芭拉·斯特奇伯里（Barbara Stretchberry）。如果没有芭芭拉，"关爱你"系列会有很大的不同，我确信也不会有《男孩子的事》出版。而没有《男孩子的事》，这本书也就不会存在。此外，我还要感谢整个美泰公司（Mattel）和美国女孩团队，包括但不限于卡丽·安东（Carrie Anton）、艾伦·布拉泽斯（Ellen Brothers）、斯蒂芬妮·科塔（Stephanie Cota）、约迪·戈德堡（Jodi Goldberg）、苏珊·杰文斯（Susan Jevens）、达尔西·约翰逊（Darcie Johnson）、琼·麦肯齐（Jean McKenzie）、朱莉·帕克斯（Julie Parks）、朱莉娅·普罗哈斯卡（Julia Prohaska）、塔米·斯卡登（Tammie Scadden）和斯蒂芬妮·斯帕诺斯（Stephanie Spanos）。虽然你们有的还在为美国女孩工作，有的已经离开，但你们曾经给我的帮助都是无比巨大的。

如今，玛妮·科克伦（Marnie Cochran）和希瑟·杰克逊（Heather Jackson）两人担纲编辑与经纪事务，工作十分高效。一开始，我真的不知道自己参加的是一个团队项目。我真是太幸运了！感谢你们的编辑、评论、建议、主张和支持，把一切都照应得完美无缺。感谢整个百龄坛（Ballantine）团队，你们不仅信任我的直觉，还用你们的专业知识丰富了我。我们第一次坐在一起的时候，我就发现自己太幸运了。感谢一路走来，协助我阅读章节、接受采访、回复电子邮件，并且提供想法供我参考的伙伴们：亚妮莎·亚伯拉罕（Anisha Abraham）、瓦妮莎·本内特（Vanessa Bennett）、凯瑟琳·卡恰兰萨

（Catherine Caccialanza）、陈一鸣（Yee-Ming Chan）、马利卡·乔普拉（Mallika Chopra）、亚历山德拉·克拉潘扎诺（Aleksandra Crapanzano）、乔纳森·克里斯特尔（Jonathan Crystal）、恩贝斯·戴维茨（Embeth Davidtz）、盖尔·丹斯（Gail Dines）、戴维·艾森曼（David Eisenman）、希瑟·富勒顿（Heather Fullerton）、米歇尔·盖思里德（Michele Gathrid）、安德鲁·哥德堡（Andrew Goldberg）、路易丝·格林斯潘（Louise Greenspan）、纳林·古普塔（Nalin Gupta）、马西娅·赫尔曼吉登斯（Marcia HermanGiddens）、尼克·克罗尔（Nick Kroll）、迈克尔·莱文（Michael Levin）、艾利森·洛克（Alison Locker）、安德烈亚·内文斯（Andrea Nevins）、凯瑟琳·皮博迪（Katherine Peabody）、米歇尔·桑德伯格（Michelle Sandberg）、丹·西格尔（Dan Siegel）、珍妮·萨克·格尔森（Jeannie Suk Gerson）、约尔达·乌尔斯（Yalda Uhls）、艾玛·瓦茨（Emma Watts）和亚当·温克勒（Adam Winkler）。我还要特别感谢炮制了"一切都会变大"这句短语的史蒂夫·西尔维斯特罗（Steve Silvestro）。

说到底，如果没有那些愿意敞开心扉回答我问题的聪明孩子，我也不会有什么话可说。感谢我在诊室里关心过的、在教室里教过的，或是接受过我访谈的所有男孩和女孩。你们的诚实让数不清的父母改进了养育方式。你们能与我坦诚相见，这让我感到非常幸运……希望这本书能够成为更多对话的起点。

[英] 艾丽西亚·伊顿 著
美同 译
北京联合出版公司
定价：39.00 元

《孩子的心理急救》

及时解决孩子的焦虑、恐惧和担忧等问题
避免造成长期而严重的后果

孩子可能会因为各种原因而遭受焦虑、恐惧、不安等心理困扰，他们可能害怕考试、拒绝上学、担心被霸凌、怕看病、怕打针、怕蛇、怕蜘蛛、怕坐飞机……甚至焦虑到睡不着觉！

这些问题如果得不到及时解决，可能会造成很多长期且严重的后果：情感发育迟滞，社交活动受阻，学业受到影响，甚至影响孩子成年之后……

英国心理治疗师艾丽西亚·伊顿自2004年起就在伦敦著名的哈利街开设心理诊所，专门帮助孩子们解决心理问题。

她把临床工作中经常使用的积极心理学、认知行为疗法、正念疗法、心理感觉疗法、催眠疗法和神经语言程序学等领域的治疗技术简化为父母们也能操作的技巧和练习，并通过真实案例展示她帮助孩子们摆脱焦虑、恐惧和不安的过程，以便父母和孩子们学习和掌握。

只要按照步骤操作，任何人都可以在第一时间帮助孩子缓解心理问题，让孩子更 平静、更快乐、适应力更强，进而更轻松地应对日常生活中的压力。

另外，这些技巧和练习对成年人同样有效。

[美] 简·尼尔森
琳·洛特 著
尹莉莉 译
北京联合出版公司出版
定价：35.00 元

《十几岁孩子的正面管教》

教给十几岁的孩子人生技能

家庭教育畅销书《正面管教》作者力作
养育十几岁孩子的"黄金准则"

度过十几岁的阶段，对你和你的青春期的孩子来说，可能会像经过一个"战区"。青春期是成长中的一个重要过程。在这个阶段，十几岁的孩子会努力探究自己是谁，并要独立于父母。你的责任，是让自己十几岁的孩子为人生做好准备。

问题是，大多数父母在这个阶段对孩子采用的养育方法，使得情况不是更好，而是更糟了……

本书将帮助你在一种肯定你自己的价值、肯定孩子价值的相互尊重的环境中，教育、支持你的十几岁的孩子，并接受这个过程中的挑战，帮助你的十几岁孩子最大限度地成为具有高度适应能力的成年人。

《正面管教》

如何不惩罚、不娇纵地有效管教孩子

**畅销美国 400 多万册　被翻译为 16 种语言畅销全球
中文版畅销已超 500 万册**

　　自1981年本书第一版出版以来，《正面管教》已经成为管教孩子的"黄金准则"。正面管教是一种既不惩罚也不娇纵的管教方法……孩子只有在一种和善而坚定的气氛中，才能培养出自律、责任感、合作以及自己解决问题的能力，才能学会使他们受益终生的社会技能和人生技能，才能取得良好的学业成绩……如何运用正面管教方法使孩子获得这种能力，就是这本书的主要内容。

　　简·尼尔森，教育学博士，杰出的心理学家、教育家，加利福尼亚婚姻和家庭执业心理治疗师，美国"正面管教协会"的创始人。曾经担任过10年的有关儿童发展的小学、大学心理咨询教师，是众多育儿及养育杂志的顾问。

[美] 简·尼尔森　著
玉冰　译
北京联合出版公司
定价：38.00 元

《正面管教 A-Z》

日常养育难题的 1001 个解决方案

**家庭教育畅销书《正面管教》作者力作
以实例讲解不惩罚、不娇纵管教孩子的"黄金准则"**

　　无论你多么爱自己的孩子，在日常养育中，都会有一些让你愤怒、沮丧的时刻，也会有让你绝望的时候。

　　你是怎么做的？

　　本书译自英文原版的第3版（2007年出版），包括了最新的信息。你会从中找到不惩罚、不娇纵地解决各种日常养育挑战的实用办法。主题目录，按照A-Z的汉语拼音顺序排列，方便查找。你可以迅速找到自己面临的问题，挑出来阅读；也可以通读整本书，为将来可能遇到的问题及其预防做好准备。每个养育难题，都包括6步详细的指导：理解你的孩子、你自己和情形，建议，预防问题的出现，孩子们能够学到的生活技能，养育要点，开阔思路。

[美] 简·尼尔森 琳·洛特
斯蒂芬·格伦 著
花莹莹　译
北京联合出版公司
定价：45.00 元

《0～3岁孩子的正面管教》

养育 0～3 岁孩子的"黄金准则"

家庭教育畅销书《正面管教》作者力作

从出生到3岁，是对孩子的一生具有极其重要影响的3年，是孩子的身体、大脑、情感发育和发展的一个至关重要的阶段，也是会让父母们感到疑惑、劳神费力、充满挑战，甚至艰难的一段时期。

正面管教是一种有效而充满关爱、支持的养育方式，自1981年问世以来，已经成为了养育孩子的"黄金准则"，其理论、理念和方法在全世界各地都被越来越多的父母和老师们接受，受到了越来越多父母和老师们的欢迎。

本书全面、详细地介绍了0～3岁孩子的身体、大脑、情感发育和发展的特点，以及如何将正面管教的理念和工具应用于0～3岁孩子的养育中。它将给你提供一种有效而充满关爱、支持的方式，指导你和孩子一起度过这忙碌而令人兴奋的三年。

无论你是一位父母、幼儿园老师，还是一位照料孩子的人，本书都会使你和孩子受益终生。

[美] 简·尼尔森
谢丽尔·欧文
罗丝琳·安·达菲 著
花莹莹 译
北京联合出版公司
定价：42.00 元

《3～6岁孩子的正面管教》

养育 3～6 岁孩子的"黄金准则"

家庭教育畅销书《正面管教》作者力作

3～6岁的孩子是迷人、可爱的小人儿。他们能分享想法、显示出好奇心、运用崭露头角的幽默感、建立自己的人际关系，并向他们身边的人敞开喜爱和快乐的怀抱。他们还会固执、违抗、令人困惑并让人毫无办法。

正面管教会教给你提供有效而关爱的方式，来指导你的孩子度过这忙碌并且充满挑战的几年。

无论你是一位父母、一位老师或一位照料孩子的人，你都能从本书中发现那些你能真正运用，并且能帮助你给予孩子最好的人生起点的理念和技巧。

[美] 简·尼尔森
谢丽尔·欧文
罗丝琳·安·达菲 著
娟子 译
北京联合出版公司
定价：42.00 元

《教室里的正面管教》

培养孩子们学习的勇气、激情和人生技能

家庭教育畅销书《正面管教》作者力作
造就理想班级氛围的"黄金准则"
本书入选中国教育新闻网、中国教师报联合推荐
2014年度"影响教师100本书"TOP10

很多人认为学校的目的就是学习功课，而各种纪律规定应该以学生取得优异的学习成绩为目的。因此，老师们普遍实行的是以奖励和惩罚为基础的管教方法，其目的是为了控制学生。然而，研究表明，除非教给孩子们社会和情感技能，否则他们学习起来会很艰难，并且纪律问题会越来越多。

正面管教是一种不同的方式，它把重点放在创建一个相互尊重和支持的班集体，激发学生们的内在动力去追求学业和社会的成功，使教室成为一个培育人、愉悦和快乐的学习和成长的场所。

这是一种经过数十年实践检验，使全世界数以百万计的教师和学生受益的黄金准则。

[美] 简·尼尔森 琳·洛特
斯蒂芬·格伦 著
梁帅 译
北京联合出版公司出版
定价：30.00元

《蒙台梭利教室里的正面管教》

营造具备良好社会－情感氛围的班级环境

家庭教育畅销书《正面管教》作者力作
造就理想班级氛围的"黄金准则"

正面管教是由美国著名心理学家、教育家简·尼尔森博士提出的一种既不惩罚也不骄纵地有效管教孩子的方法。它以个体心理学创始人阿尔弗雷德·阿德勒和鲁道夫·德雷克斯的理念为基础，提倡在和善而坚定的气氛中，培养孩子自律、责任感、合作等优良品格，以及自己解决问题等让孩子受益终生的社会技能和人生技能。

自1981年以来，正面管教已经让全世界数以百万计的孩子、父母和老师受益，被誉为养育孩子的"黄金准则"。

在本书中，尼尔森与资深蒙台梭利教师奇普·德洛伦佐创造性地将正面管教理念和工具运用到蒙台梭利教育和教学活动中，提出了一系列为孩子们准备良好的社会－情感环境，以及处理孩子课堂行为的方法和技巧。

由于简·尼尔森博士的重要贡献，她被美国蒙台梭利协会授予"蒙台梭利创新者奖"（Montessori Innovator Award）。

[美] 简·尼尔森
奇普·德洛伦佐 著
胡海霞 译
北京联合出版公司
定价：56.00元

《正面管教教师指南 A-Z》

教室里行为问题的 1001 个解决方案

家庭教育畅销书《正面管教》作者力作
以实例讲解造就理想班级氛围的"黄金准则"

本书包括两个部分：

第一部分，介绍的是正面管教的基本原理和基本方法，包括鼓励、错误目的、奖励和惩罚、和善而坚定、社会责任感、分派班级事务、积极的暂停、特别时光、班会，等等。

第二部分，是教室里常见的各种行为问题及其处理方法，按照A-Z的汉语拼音顺序排列，以方便查找。你可以迅速找到自己面临的问题，有针对性地阅读，立即解决自己的难题；也可以通读本书，为将来可能遇到的问题及其预防做好准备。

每个行为问题及其解决，基本都包括5个部分：

- 讨论。就一个具体行为问题出现的情形及原因进行讨论。
- 建议。依据正面管教的理论和原则，给出解决问题的建议。
- 提前计划，预防未来的问题。着眼于如何预防问题的发生。
- 用班会解决问题。老师和学生们用班会解决相应问题的真实故事。
- 激发灵感的故事。老师和学生们用正面管教工具解决相关问题的真实故事。

[美] 简·尼尔森
琳达·埃斯科巴
凯特·奥托兰
罗丝琳·安·达菲
黛博拉·欧文－索科奇 著
郑淑丽 译
北京联合出版公司出版
定价：55.00 元

《正面管教教师工具》

造就理想班级氛围的有效工具
让学生掌握社会—情感技能、
取得学业成功的 44 种有效方法

家庭教育畅销书《正面管教》作者力作

如何处理学生的不良行为，是教师们经常会遇到的一个巨大挑战。他们通常的做法是惩罚不良行为，奖励好行为。然而，研究表明，无论惩罚还是奖励，都会降低学生的内在动力、合作精神、自控力，以及独立解决问题的能力。

在本书中，作者将以阿德勒心理学为基础的正面管教方法，具体化为教师们在日常教学中可以实际应用的44个工具，每个工具都有具体的说明和世界各地的教师运用该工具解决问题的实例，以及心理学和各种研究的依据。帮助老师们不惩罚、不娇纵地有效管教班级，解决班级管理中遇到的各种令人头疼的问题，最终培养出孩子们的自律、责任感、合作以及自己解决问题的能力，并取得学业的成功。

[美] 简·尼尔森
凯莉·格夫洛埃尔 著
胡海霞 胡美艳 译
北京联合出版公司出版
定价：45.00 元

《正面管教养育工具》

赋予孩子力量、培养孩子能力的 49 种有效方法

家庭教育畅销书《正面管教》作者力作
不惩罚、不娇纵养育孩子的有效工具

[美] 简·尼尔森
玛丽·尼尔森·坦博斯基
布拉德·安吉 著
花莹莹 杨森 张丛林 林展 译
北京联合出版公司出版
定价：42.00 元

正面管教是一种不惩罚、不娇纵的管教孩子的方式，是为了培养孩子们的自律、责任感、合作能力，以及自己解决问题的能力，让他们学会受益终生的社会技能和人生技能，并取得良好的学业成绩。

1981年，简·尼尔森博士出版《正面管教》一书，使正面管教的理念逐渐为越来越多的人接受并奉行。如今，正面管教已经成了管教孩子的"黄金准则"。其理念和方法已经传播到将近70个国家和地区，包括美国、英国、冰岛、荷兰、德国、瑞士、法国、摩洛哥、西班牙、墨西哥、厄瓜多尔、哥伦比亚、秘鲁、智利、巴西、加拿大、中国、埃及、韩国。由简·尼尔森博士作为创始人的"正面管教协会"，如今已经有了法国分会和中国分会。

本书对经过多年实际检验的49个最有效的正面管教养育工具作了详细介绍。

《单亲家庭的正面管教》

让单亲家庭的孩子健康、快乐、茁壮成长

家庭教育畅销书《正面管教》作者力作
单亲父母养育孩子的"黄金准则"

[美] 简·尼尔森 谢丽尔·欧文
卡萝尔·德尔泽尔 著
杨森 张丛林 林展 译
北京联合出版公司
定价：37.00 元

单亲家庭不是"破碎的家庭"，单亲家庭的孩子也不是注定会失败和令人失望的，有了努力、爱和正面管教养育技能，单亲父母们就能够把自己的孩子培养成有能力的、满足的、成功的人，让单亲家庭成为平静、安全、充满爱的家，而单亲父母自己也会成为一位更健康、平静的父母——以及一个更快乐的人。

《单亲家庭的正面管教》是家庭教育畅销书《正面管教》作者简·尼尔森的又一力作。自从《正面管教》于1981年出版以来，正面管教理念已经成为养育孩子的"黄金准则"，让全球数以百万计的父母、孩子、老师受益。

《单亲家庭的正面管教》是简·尼尔森博士与另外两位作者详细介绍如何将正面管教的理念和工具用于单亲家庭的一部杰作。

《特殊需求孩子的正面管教》

帮助孩子学会有价值的社会和人生技能

家庭教育畅销书《正面管教》作者力作

　　每一个孩子都应该有一个幸福而充实的人生。特殊需求的孩子们有能力积极成长和改变。

　　运用正面管教的理念和工具，特殊需求的孩子们就能够培养出一种越来越强的能力，为自己的人生承担起责任。在这个过程中，他们会与自己的家里、学校里和群体里的重要的人建立起深入的、令人满意的、合作的关系，从而实现自己的潜能。

[美] 简·尼尔森　史蒂文·福斯特
艾琳·拉斐尔　著
甄颖　译
北京联合出版公司
定价：32.00元

《孩子，把你的手给我》

与孩子实现真正有效沟通的方法

**畅销美国 500 多万册的教子经典，以 31 种语言畅销全世界
彻底改变父母与孩子沟通方式的巨著**

　　本书自2004年9月由京华出版社自美国引进以来，仅依靠父母和老师的口口相传，就一直高居当当网、卓越网的排行榜。

　　吉诺特先生是心理学博士、临床心理学家、儿童心理学家、儿科医生；纽约大学研究生院兼职心理学教授、艾德尔菲大学博士后。吉诺特博士的一生并不长，他将其短短的一生致力于儿童心理的研究以及对父母和教师的教育。

　　父母和孩子之间充满了无休止的小麻烦、阶段性的冲突，以及突如其来的危机……我们相信，只有心理不正常的父母才会做出伤害孩子的反应。但是，不幸的是，即使是那些爱孩子的、为了孩子好的父母也会责备、羞辱、谴责、嘲笑、威胁、收买、惩罚孩子，给孩子定性，或者对孩子唠叨说教……当父母遇到需要具体方法解决具体问题时，那些陈词滥调，像"给孩子更多的爱"、"给她更多关注"或者"给他更多时间"是毫无帮助的。

　　多年来，我们一直在与父母和孩子打交道，有时是以个人的形式，有时是以指导小组的形式，有时以养育讲习班的形式。这本书就是这些经验的结晶。这是一个实用的指南，给所有面临日常状况和精神难题的父母提供具体的建议和可取的解决方法。

　　　　　　　　　　　　——摘自《孩子，把你的手给我》一书的"引言"

[美] 海姆·G·吉诺特　著
张雪兰　译
北京联合出版公司
定价：32.00元

《孩子，把你的手给我（Ⅱ）》

与十几岁孩子实现真正有效沟通的方法

《孩子，把你的手给我》作者的又一部巨著
彻底改变父母与十几岁孩子的沟通方式

[美]海姆·G·吉诺特 著
张雪兰 译
北京联合出版公司
定价：26.00 元

　　本书是海姆·G·吉诺特博士的又一部经典著作，连续高踞《纽约时报》畅销书排行榜25周，并被翻译成31种语言畅销全球，是父母与十几岁孩子实现真正有效沟通的圣经。

　　十几岁是一个骚动而混乱、充满压力和风暴的时期，孩子注定会反抗权威和习俗——父母的帮助会被怨恨，指导会被拒绝，关注会被当做攻击。海姆·G·吉诺特博士就如何对十几岁的孩子提供帮助、指导、与孩子沟通提供了详细、有效、具体、可行的方法。

《孩子，把你的手给我（Ⅲ）》

老师与学生实现真正有效沟通的方法

《孩子，把你的手给我》作者最后一部经典巨著
以 31 种语言畅销全球
彻底改变老师与学生的沟通方式
美国父母和教师协会推荐读物

[美]海姆·G·吉诺特 著
张雪兰 译
北京联合出版公司
定价：35.00 元

　　本书是海姆·G·吉诺特博士的最后一部经典著作，彻底改变了老师与学生的沟通方式，是美国父母和教师协会推荐给全美教师和父母的读物。

　　老师如何与学生沟通，具有决定性的重要意义。老师们需要具体的技巧，以便有效而人性化地处理教学中随时都会出现的事情——令人烦恼的小事、日常的冲突和突然的危机。在出现问题时，理论是没有用的，有用的只有技巧，如何获得这些技巧来改善教学状况和课堂生活就是本书的主要内容。

　　书中所讲述的沟通技巧，不仅适用于老师与学生、家长与孩子之间的交流，而且也可以灵活运用于所有的人际交往中，是一种普遍适用的沟通技巧。

《如何培养孩子的社会能力》

教孩子学会解决冲突和与人相处的技巧

简单小游戏　成就一生大能力
美国全国畅销书（The National Bestseller）
荣获四项美国国家级大奖的经典之作
美国"家长的选择（Parents'Choice Award)"图书奖

[美] 默娜·B.舒尔
特里萨·弗伊·
迪吉若尼莫　著
张雪兰　译
北京联合出版公司
定价：30.00 元

　　社会能力就是孩子解决冲突和与人相处的能力，人是社会动物，没有社会能力的孩子很难取得成功。舒尔博士提出的"我能解决问题"法，以教给孩子解决冲突和与人相处的思考技巧为核心，在长达30多年的时间里，在全美各地以及许多其他国家，让家长和孩子们获益匪浅。与其他的养育办法不同，"我能解决问题"法不是由家长或老师告诉孩子怎么想或者怎么做，而是通过对话、游戏和活动等独特的方式教给孩子自己学会怎样解决问题，如何处理与朋友、老师和家人之间的日常冲突，以及寻找各种解决办法并考虑后果，并且能够理解别人的感受。让孩子学会与人和谐相处，成长为一个社会能力强、充满自信的人。

　　默娜·B.舒尔博士，儿童发展心理学家，美国亚拉尼大学心理学教授。她为家长和老师们设计的一套"我能解决问题"训练计划，以及她和乔治·斯派维克（George Spivack）一起所做出的开创性研究，荣获了一项美国心理健康协会大奖、三项美国心理学协会大奖。

《如何培养孩子的社会能力（II）》

教8～12岁孩子学会解决冲突和与人相处的技巧

全美畅销书《如何培养孩子的社会能力》作者的又一部力作！
让怯懦、内向的孩子变得勇敢、开朗！
让脾气大、攻击性强的孩子变得平和、可亲！
培养一个快乐、自信、社会适应能力强、情商高的孩子

[美] 默娜·B.舒尔　著
刘荣杰　译
北京联合出版公司
定价：35.00 元

　　8～12岁，是孩子进入青春期反叛之前的一个重要时期，是孩子身体、行为、情感和社会能力发展的一个重要分水岭。同时，这也是父母的一个极好的契机——教会孩子自己做出正确决定，自己解决与同龄人、老师、父母的冲突，培养一个快乐、自信、社会适应能力强、情商高的孩子——以便孩子把精力更多地集中在学习上，为他们期待而又担心的中学生活做好准备。

　　本书详细、具体地介绍了将"我能解决问题"法运用于8～12岁孩子的方法和效果。

《如何培养孩子的社会能力（Ⅲ）》

荣获美国 4 项心理学大奖的"我能解决问题"法在 107 个情景中的运用

教孩子学会解决冲突和与人相处的技巧

这是全美畅销书《如何培养孩子的社会能力》作者默娜·B.舒尔博士的又一部力作。在本书中，舒尔博士将荣获美国4项心理学大奖的"我能解决问题"法运用到孩子生活中的107个重要情景，围绕处理感受、处理并预防问题、在家里培养孩子与人相处的能力、培养人生技能四个主题，向父母们介绍如何培养孩子解决冲突和与人相处的能力和技巧。

社会能力就是孩子解决冲突和与人相处的能力，人是社会动物，没有社会能力的孩子很难取得成功。

舒尔博士提出的"我能解决问题"法，以教给孩子解决冲突和与人相处的思考技巧为核心，在长达30多年的时间里，在美国各地以及世界其他国家，让家长和孩子们获益匪浅。

[美] 默娜·B.舒尔 著
陆新爱 译
北京联合出版公司
定价：50.00 元

《5 分钟亲子游戏》

5 分钟，玩什么？怎么玩？
用游戏高质量陪伴孩子的童年

想陪孩子玩，却总也抽不出时间？不知道该陪孩子玩什么？

翻开这本书，只需5分钟，你就能准备好一个简单又好玩的小游戏，陪孩子尽情玩个够！

这是国际知名游戏设计达人"5分钟妈妈"黛西·厄普顿专门为1-5岁孩子设计的小游戏。

所有游戏取材简单，上手容易，准备和收拾都不超过5分钟，再忙碌的父母也能高质量地陪伴孩子！

游戏设计贴合孩子的发展阶段，可以培养孩子的好奇心和想象力，增强孩子的身体素质，还能让孩子在潜移默化中学拼读、认数字！

游戏还非常实用，可以教孩子轮流玩、寻求帮助等与人打交道的社会技能，和上厕所、穿衣服等生活技能！

让游戏陪伴孩子的童年，让欢乐成为亲子关系的底色。

[英] 黛西·厄普顿 著
美同 译
北京联合出版公司
定价：89.00 元

以上图书各大书店、书城、网上书店有售。

团购请垂询：010-65868687 13910966237

Email: marketing@tianluebook.com

更多畅销经典图书，请关注天略图书微信公众号"天略童书馆"、天猫商城"天略图书旗舰店"（https://tianluetushu.tmall.com/）及小红书账号"天略图书"。